Geschichten

aus Herties

KaDeWe 2

Für Irmgard

Bibliografische Informationen der Deutschen Nationalbibliothek:
Die Deutsche Nationalbibliothek verzeichnet diese Publikation in
der Deutschen Nationalbibliografie; detaillierte bibliografische
Daten sind im Internet über dnb.dnb.de abrufbar.

© 2021 Benjamin Nickert
Herstellung und Verlag: BoD - Books on Demand, Norderstedt

ISBN: 978-3-7543-7545-7

Geschichten aus Herties KaDeWe 2

Kapitelverzeichnis

Kapitel 1:   Peace und Frieden

Kapitel 2:   77

Kapitel 3:   Das Seminar

Kapitel 4:   Das Winterwunderland

Kapitel 5:   Retoure um Retoure

Kapitel 6:   Anomalien

Kapitel 7:   Der große Knall

Epilog: Alpha & Omega

KAPITEL 1

Peace und Frieden

Seit dem 20. Juni 1984 reisen mehr und mehr Menschen mit Bussen nach Berlin. Ende der Woche findet hier der Christopher Street Day statt. Dessen Demonstrationszug führt ebenfalls am Kaufhaus des Westens vorbei. Für eben diesen Tag wird das Kaufhaus aufwändig gestaltet. Golden glitzernde Girlanden aus Lametta schmücken die Balkone jeder Etage und Regenbogenvorhänge winden sich um die massiven Säulen des Lichthofes. Zwei Arbeiter sind gerade dabei ein gewaltiges Plakat unter der Glasdecke aufzuhängen. Ein Arbeiter steht in der zweiten Etage und zieht mit geballter Kraft an einem Stahlseil, um das Plakat hoch in den Hof zu ziehen. „Noch'n Stück. Noch'n Stück", entgegnet ihm dabei der andere Arbeiter, der unten im Hof steht und die Position des Werbeplakats begutachtet. „Halt! Wieder ein Stück nach unten", ruft er seinem Kollegen zu.

„Stopp. So ist es gut", sagt er und tritt einige Schritte auf das Plakat zu. Irmgard und Katarina bestücken gerade die Glastheke mit aufwändig verzierten Amerikanern. Albert tritt in die Kuchenausgabe. „Hier kommen die Pfannkuchen." „Sind das die mit Eierlikör", fragt Irmgard ihn. „Ja, aber nicht naschen meine Damen", antwortet Albert und verlässt das Wiener Café. Während Irmgard eines der Bleche mit Pfannkuchen in die Theke stellt fragt sie Katarina: „Ist dieses Plakat nicht etwas zu groß?" „Naja, so ist das wohl heutzutage, Irmgard." „Ich glaube ja nicht, dass sich dieses - Apple durchsetzen wird. Das ist so teuer. Und wer braucht schon einen eigenen Computer", redet Irmgard weiter. „Immerhin ist ein Regenbogen darauf - für die Parade macht sich das bestimmt gut." Irmgard betrachtet noch einige Momente das Plakat mit dem Macintosh darauf und räumt danach jedoch die beiden Bleche in die kleine Küche hinter der Kuchentheke. „Wann kommt die Parade hier nochmal vorbei", ruft Irmgard aus der Küche. „So genau weiß ich das nicht. Vielleicht so gegen 14 Uhr", antwortet Katarina. „Dann wird es hier wohl sehr voll werden", spekuliert Irmgard. „Es wird wohl kaum etwas übrig bleiben." Irmgard tritt aus der Küche, nimmt sich einen Lappen und säubert noch die Tische im Wiener Café. Um 12 Uhr tritt Hans Reiber durch die Hintertür der Küche im Wiener Café. „Hans, warum kommst du heute so spät", fragt Katarina. „Ich hatte einen Termin." Mit zügigem Schritt verschwindet er im Aufzug und fährt nach oben in die Silberterrassen. „Hallo Albert", grüßt er ihn. Dann verschwindet er kurz in einer kleinen Garderobe und tritt kurze Zeit später komplett in weiß gekleidet in die Küche. „So, nur noch die Suppen aufwärmen, dann geht es weiter", murmelt er vor sich hin. Er tritt an zwei große, verchromte Töpfe heran. Sie stehen auf einem Gasherd. In einem Topf ist eine Linsensuppe, in dem anderen eine Gemüsesuppe mit Fleischklößen. An der Vorderseite des Herdes sitzen zwei verchromte Knäufe. Einen nach dem anderen drückt er rein. Ein elektrisches Knarzen und Klicken ertönt. Dann dreht er den Knauf nach links. Gas strömt aus einem Ventil. Explosionsartig expandiert das Gas. Fauchend und flatternd lodert eine Flamme auf, welche sich unter dem Topf kreisförmig ausbreitet. Brodelnd und blubbernd wärmen die Suppen durch. Währenddessen bereitet er einen großen Servierwagen vor. Auf zwei Ebenen verteilt er Schüsseln, Löffel und Servietten. Aus einer Schublade holt er ein großes Korkbrett und legt dieses auf den Wagen. Mit zwei Kellen rührt er die Suppen erneut um und stellt die Töpfe dann auf den Wagen. Pfeifend schiebt er ihn in den Aufzug und fährt runter in den Lichthof. Dort stellt Hans den Wagen zentral auf. Irmgard tritt mit einem Stuhl und einem Schild aus dem Wiener Café. „Hier, wie du es wolltest, Hans", sagt Irmgard und stellt das Schild neben den Wagen. „Ich dachte du

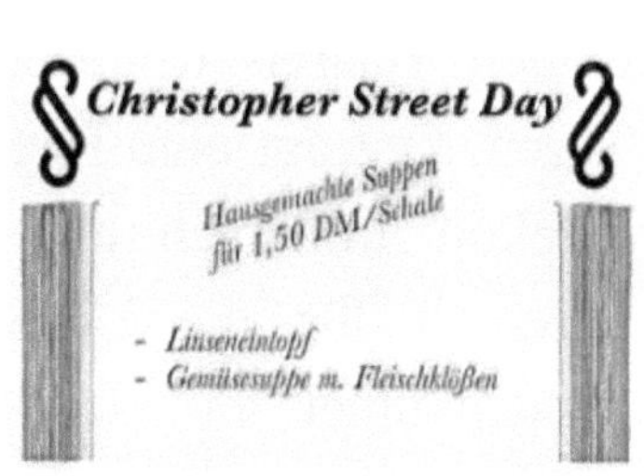

benötigst vielleicht noch einen Stuhl, falls du nicht mehr stehen kannst", redet sie weiter. „Du bist ein Engel", bedankt sich Hans und setzt sich hinter den Servierwagen auf den Stuhl. Entfernt sind bereits Rufe der Parade zu hören. Zu Fuß, auf dem Fahrrad oder auf offenen Bussen bewegt sich die Parade durch die Straßen der

Stadt, um am Brandenburger Tor in einem Konzert zu enden. Eine Frau mit bunten Haaren verkündet ihre Meinungen und Parolen durch ein Megaphon von einem der Busse. Von einzelnen Menschen bekommt sie Zuspruch. Schaulustige, junge und alte bleiben am Straßenrand stehen und beobachten, wie die teilweise halbnackten Menschen an ihnen vorbei tanzen. Irmgard erblickt aus dem Wiener Café die Parade. Massen an Menschen strömen am KaDeWe vorbei. Einige treten sogar in das Kaufhaus hinein. Ein junger Mann mit kurzen, blauen Haaren tritt ebenfalls durch eine der Türen. Er trägt eine Regenbogenflagge auf dem Rücken und schnellt durch den Lichthof. „Freiheit für die Liebe", ruft er dabei und verschwindet im nächsten Moment durch die Tür nach draußen. „Das ist ja, also ne", sagt Irmgard erstaunt. Eine ältere Dame in rotem Mantel und einer braunen Tasche in ihrer Hand schüttelt ihren Kopf, bevor sie an den Servierwagen von Hans herantritt. „Diese jungen Leute immer. Unglaublich", spricht sie Hans entrüstet an. „Das muss man mit Humor nehmen. Schließlich waren wir auch mal jung", antwortet er ihr. Snobistisch hebt die Dame ihren Kopf und lehnt seine Aussage strikt ab. „Also, welche Suppe darf ich ihnen…" „Ich - ich gehe", wendet sie sich beleidigt ab und verlässt das Kaufhaus. Hinter ihr warten bereits einige Leute von der Parade, die hier einen Stopp einlegen, um eine Kleinigkeit zu essen. „Naja, wer nicht will, der hat schon", fügt Hans hinzu und schenkt eine Kelle Linsensuppe ein. Allmählich füllt sich der Lichthof und Hans schenkt eine Schale nach der anderen ein. Irmgard und Katarina können die Vielzahl an Gästen kaum noch bewältigen. Irmgard reicht gerade ein Paket mit sechs Pfannkuchen über die Theke. Dann tritt sie rüber zu dem Telefon und ruft in der Lebensmittelabteilung an. „Ja, wir brauchen zwei Mann zusätzlich." Rauschen und Knistern ist zu hören. Danach folgt die Bestätigung. „Gut, alles klar. Danke." Irmgard hängt auf. „Ein wenig Geduld Katarina, wir bekommen gleich Hilfe." „Gott sei Dank, es wird voller und voller", antwortet Katarina, als Albert in die Kuchentheke tritt und zwei weitere Bleche mit Pfannkuchen auf der Arbeitsfläche abstellt. „Die Kollegin oben füllt schon die nächsten Bleche mit Pflaumenmus. Ihr habt ja alle Hände voll zu tun", stellt Albert fest. „Ja. Das kann man wohl sagen. Könntest du kurz an Kasse drei übernehmen, bis die Kollegen aus der Lebensmittelabteilung hier sind", fragt Irmgard. „Klar", gibt er zu verstehen. „Kommen sie bitte hier rüber, zu mir", teilt er die wartende Menschenmenge auf. Sofort stürmen einige Leute aus der Masse hin zu Albert und können ihre Bestellung nicht schnell genug abgeben. „Ich hatte Pfannkuchen bestellt", ruft ein Herr. „Bedienen Sie mich zuerst, ich war schneller hier, als der da", brüllt eine Dame. „Sie? Dass ich nicht lache", entgegnet der Herr. „Wenn zwei sich streiten, freut sich der dritte", drängt sich ein Rentner an beiden vorbei. „Sie. Unverschämt ist das", spricht ihn die Dame empört an. „Wenn Sie sich hier streiten, kann ich ja wohl bestellen", antwortet der Rentner. „Was denken Sie eigentlich, wer Sie sind. Erst vordrängeln und dann noch frech", mischt sich der Herr ein. Albert lehnt sich auf die Glasplatte der Kuchentheke und versucht den Streit zu schlichten: „So, jetzt kommen wir erstmal wieder runter." „Ihr Verhalten ist ja wohl das

Letzte, Sie", schimpft der Rentner. „Ich was!?" „Kommen wir RUNTER!", übertönt Albert das Streitgespräch: „Wir kommen runter und überlegen, wie wir uns hier gegenseitig - Signale aussenden. Sie mein Herr. Sie hatten etwas bestellt?" „Ja, ich hatte eigentlich 20 Pfannkuchen bestellt." „Da muss ich nachfragen", entgegnet Albert und tritt zu Irmgard rüber. „Ich habe hier einen Herren der sagt, er hätte 20 Pfannkuchen bestellt gehabt." „Das kann gar nicht sein. Seit Jahren schon nehmen wir keine Bestellungen mehr auf, wenn hier ein offener Verkauf stattfindet", entgegnet ihm Irmgard. Kurz überlegend tritt Albert zu seiner Kasse herüber. „Uns liegt keine solche Bestellung vor, aber Sie können aus unserem reichhaltigen Sortiment gerne 20 Pfannkuchen aussuchen." „Etwas verwundert nimmt der Herr Alberts Aussage hin und kauft anschließend zehn Pfannkuchen mit Pflaumenmus und zehn weitere mit Eierlikör. Sicher verpackt reicht Albert eine weiße Papiertüte mit zwei Lagen Pfannkuchen über die Theke. „Ladies First würde ich ja wohl sagen", entgegnet die Dame dem Rentner und tritt an die

Theke. Der Rentner verdreht daraufhin seine Augen und gibt schnaufend und sichtlich kochend nach. Unentwegt treibt die Parade über den Wittenbergplatz. Mehr und mehr Menschen treiben ins KaDeWe. Einige schnellen die Treppe hinauf - höher und höher, bis sie auf das Dach treten und die Parade von oben mit Jubelgeschrei bestärken. Zwei in blau gekleidete Männer der Sicherheit folgen den Leuten auf das Dach. „Bitte treten Sie von der Balustrade zurück und gehen wieder hinein. Dieses Gebiet ist von Unbefugten nicht zu betreten", befiehlt einer der Männer. Da die Folgsamkeit der Demonstranten recht gering ausfällt, müssen die Sicherheitsleute etwas deutlicher darum bitten, das Dach zu verlassen. Als die Demonstranten, von der Sicherheit begleitet, durch den Lichthof gehen bricht einer aus der Reihe aus, rennt zu Hans an den Servierwagen und stößt ihn beiseite. Dann greift er sich die Schüsseln und wirft sie auf den Boden. Klirrend zerspringt das Porzellan und verteilt sich in kleinen Scherben um ihn herum. „Nieder mit der Ausbeutung und der Unterdrückung", brüllt er, bevor er mit seinem rechten Fuß den Servierwagen umstößt und zur Vordertür rennt. Die Töpfe schlagen scheppernd auf dem Boden auf, die Deckel rutschen über den glatten Steinboden und die Suppen spritzen in den Hof hinein und bedecken nach und nach den gesamten Boden im Lichthof. „So! Weitergehen", drückt einer der Sicherheitsleute die Demonstranten voran. Etwas befremdlich dreinschauend treten alle durch die Linsensuppe und hinterlassen auf dem Weg zur Tür und auf den Fußabtretern grünliche Spuren. Hans steht gerade wieder auf, als Irmgard und Katarina ihre Kunden im Wiener Café vertrösten und in den Lichthof treten. „Um Himmels Willen", sagt Irmgard. „Das kannst du laut sagen", antwortet Hans, während er sich fassungslos die Stirn reibt: „Und das kann ich jetzt alles - aufwischen. Schönen Dank auch!" „Ich sag' dir was. Katarina und ich fertigen noch die restlichen Leute ab und sperren dann für heute zu. Durch dieses - Suppenmeer tritt sowieso kein Kunde durch." Hans geht rüber zu einem der Aufzüge: „Ich gehe in der Zeit hoch zum Chef und erkläre ihm den Sachverhalt." „Tu das", antwortet Irmgard und geht mit Katarina zurück ins Wiener Café.

Katarina stellt sich hinter die Kuchentheke. Irmgard läuft durch die kleine Küche durch und öffnet die Tür des Personaleinganges. Katarina beruhigt die Menge und beginnt zu sprechen: „Wenn ich um Ruhe bitten dürfte! Aus technischen Gründen schließt das Kaufhaus des Westens verfrüht." Die Menge beginnt zu tuscheln. „Was? Aber Sie können uns doch hier nicht einfach so stehen lassen", ruft eine Frau. Von den Seiten erhält sie Zustimmung. „Ich bitte Sie", fährt Katarina, ihre Arme beschwichtigend hebend, fort: „Sie alle werden hier im Wiener Café auch das bekommen, was sie brauchen. Jedoch müssen wir Sie bitten anschließend das Kaufhaus über den Personaleingang hinter mir zu verlassen. Die Leitung und das Kollegium des Kaufhauses des Westens bedanken sich für Ihr Verständnis." Ein paar Leute sind empört und äußern ihr Unverständnis mit teils ausfallenden Sprichwörtern. Katarina beginnt die Kunden vorne an der Theke zu bedienen, während Irmgard das Wiener Café absperrt, sodass sich kein Kunde aus Versehen in den überschwemmten Lichthof verirrt. Nach und nach leert sich das Café. Irmgard bedankt sich gerade bei dem letzten Kunden für seine Geduld, begleitet ihn hinaus und schließt die Tür hinter ihm. Hans tritt zurück ins Café. „Hans", grüßt Katarina. „Ich habe alles geklärt." „Das klingt sehr gut", sagt Irmgard aus der Küche tretend. „Ja, schon bald sollte der Reinigungsdienst hier sein und der Chef sagte, er würde eine Klage gegen Unbekannt bei der Polizei einreichen. Dazu müsstet ihr beide noch eine Zeugenaussage machen", berichtet Hans. „Ah ja", gibt Katarina zu verstehen. Irmgard greift sich derweilen einige Scheuertücher aus einem Schrank in der Küche und wirft Hans und Katarina einige zu. „Ich habe doch fast nichts erkennen können", wirft Irmgard ein: „Naja, fürs erste sollten wir den Suppen einige Grenzen aufzeigen, bis sie letztendlich aufgewischt wird." Irmgard tritt an die Suppen heran und legt die Scheuerlappen aneinander um den Suppensee herum und bildet somit eine unüberwindliche Barriere - einen Deich. „Jetzt können wir nur abwarten", spricht Irmgard zu den beiden. Eine halbe Stunde später trifft der Reinigungsdienst ein und verhilft dem Lichthof in kurzer Zeit wieder zu altem Glanz.

KAPITEL 2

<u>77</u>

Auf einem kleinen Regalbrett steht eine Mattscheibe, eingefasst in einen hölzernen Rahmen. Aus dem länglichen Lautsprecher daneben knistert und knötert Musik. Eine Stimme ertönt und eine Aufnahme des KaDeWe's erscheint auf dem Gerät. Eine vertraut wirkende Männerstimme ertönt: „Feiern Sie mit uns ein einmaliges Jubiläum. Denn das Kaufhaus des Westens feiert Geburtstag." Ruhig fährt die Kamera durch die Schmuckabteilung und alle Juwelen funkeln und leuchten. „Seit 77 Jahren steht das KaDeWe wie ein Fels in der Brandung am Wittenbergplatz. Also, kommen Sie vorbei und gewinnen Sie mit etwas Glück einen von 77 unglaublichen Preisen oder kaufen Sie bei uns ein und möglicherweise schenken wir Ihnen 77 Prozent Ihres Einkaufs. Kommen Sie vorbei, feiern Sie mit und haben Sie Glück!" Ein fülliger Mann im bunten Anzug tritt ins

Bild. Der Hintergrund verwischt etwas. Er blickt dem Zuschauer direkt in die Augen. „Das könn' Sie mir glaub'm", sagt er und lächelt. Sein versilberter Eckzahn funkelt in die Kamera und das Bild wird schwarz. Ein Text erscheint auf der Mattscheibe. *Feiern Sie mit uns das 77 jährige Bestehen des KaDeWe's.* Dann blendet die Reklame ab.

Irmgard beobachtet den kleinen Fernsehapparat auf dem Regalbrett, während sie am Telefon der Kuchenausgabe steht. „Es ist nur ein Tag! Ich bitte dich, Katarina", spricht sie in den Hörer hinein. Kratzig und etwas blechern quäkend erhält sie eine Antwort: „Nein! Ich bin angeschlagen und bleibe deswegen zu Hause. Es tut mir leid, Irmgard." „Katarina, ich beschwöre dich. Wenn du heute nicht kommst, stehe ich alleine tausenden Menschen gegenüber." „Seit Tagen hatten wir nur Stress. Wir haben einen Hefeteig nach dem anderen durchgeknetet und Glasuren angerührt. Vom Marzipan will ich gar nicht erst reden. Ich glaube fast, dass ich mir einen Tennisarm antrainiert habe. Bei so viel Arbeit wird man schon mal krank." „Bitte Katarina. Ich brauche dich hier. Du musst auch nichts mehr verrühren. Nur verkaufen." Stille kehrt ein am Telefonhörer. Leise knistert der Lautsprecher. „Na schön. Du hast mich. Ich komme." „Danke, oh ich danke dir." „Ja, ja. Du schuldest mir was." Katarina legt auf. Das monotone Piepen des Telefons ist das einzige, was Irmgard hört. Ehe sie sich verabschieden konnte, hat Katarina aufgelegt. Irmgard nimmt den Hörer vom Ohr, blickt diesen einen Moment lang an und hängt ihn schließlich in die Gabel der Station. Erleichtert wendet sie sich von dem Telefon ab und sortiert zwei Sorten Pfannkuchen in die Kuchentheke. Im Lichthof wird eben noch ein gewaltiger Goldkranz aufgestellt. In der Mitte steht eine „77". Die beiden Arbeiter ächzen und knirschen mit den Zähnen, als sie den Kranz anpacken. Zügig greift sich ein dritter eine Messingstange und setzt sie in eine dafür vorgesehene Steckhalterung. „Fertig", ruft er und die beiden anderen lassen erleichtert den Kranz los. Der älteste von den dreien wischt sich den Schweiß aus dem Gesicht. „Sowas mache ich nie wieder", prustet er. Gemeinsam packen sie ihr Werkzeug zusammen und steigen in den Fahrstuhl. Der Kranz steht zum Eingang des KaDeWe's gerichtet auf einem Sockel, welches mit roten Samtdecken kunstvoll ausgekleidet ist. Vor dem Eingangstor warten bereits einige Kunden auf die Eröffnung an diesem besonderen Geburtstag. Mit Schirm und Mantel warten sie in dem kalten Nass des Berliner Sommers

9 Uhr:

Quietschend und ratternd senkt sich das gewaltige Eingangstor. Mittlerweile erwarten hunderte Menschen auf dem Wittenbergplatz den Einlass in das Kaufhaus. Das Tor ist kaum im Boden verschwunden, da stürmen sie los. Vorbei an dem Sicherheitspersonal in den trockenen Hof. Gedränge. Mann hinter Mann hinter Frau hinter Kind hinter Frau hinter Mann. Eine einzige schwarze Masse drückt sich durch die schmalste Pforte in ein Aquarium aus Beton, Metall und Glas. Nach wenigen Sekunden hechten Menschen in alle Stockwerke und bringen den Boden zum erzittern. Irmgard sieht sich alleine mehreren Dutzend Kunden gegenüber. „Ich möchte einige Pfannkuchen!“ „Los, Pfannkuchen.“ „Ich habe bestellt, einige Pfannkuchen!“ „Aber ich war zuerst hier!“ „Nein ich!“ „Nein! Ich! Ich zuerst!“ „Ich hätte gerne einen Berliner!“ Die Menge verstummt. Leise hallt die Bitte dieses Gastes nach. Irmgard fragt: „Bitte was möchten Sie?“ „Einen Berliner.“ „Ditt heißt Pfannkuchen“, ruft ein Kunde aus der Menge. „Sie möchten also einen Pfannkuchen“, erkundigt sich Irmgard erneut. „Nein. Ich möchte einen Berliner haben.“ Irmgard blickt enttäuscht drein. „Also. Hier in Berlin heißen diese schicken Teile Pfannkuchen und nicht anders.“ „Gut. Dann hätte ich bitte einen Pfannkuchen gehabt.“ „Seh’n Sie. Et jeht doch. Welche Sorte darf es denn sein.“ „Bitte mit Eierlikör, zum mitnehmen“, antwortet der Herr. Irmgard greift mit einer Gebäckzange nach einem Pfannkuchen und setzt diesen auf einer Pappschale ab, und verpackt alles in gelblichem Papier mit dem Schriftzug des KaDeWe’s darauf. „Einen Guten Appetit wünsche ich“, sagt

Irmgard und reicht ihm das kleine Paket über die Theke. „Der nächste bitte." Während Irmgard einen weiteren Kunden bedient lässt der Regen draußen allmählich nach. Sogar die graue Wolkendecke bricht an einigen Stellen auf und lässt einige wenige Sonnenstrahlen den sonst grauen Wittenbergplatz im Glanze der Regenbogenfarben erstrahlen. Wie Kristalle brechen die nassen Straßen das Licht der Sonne in die verschiedensten Farben auf. Ein Bus fährt auf den Wittenbergplatz und hält an einer der Stationen. Die ausgewaschene gelbe Farbe des Busses leuchtet in der spiegelnden Sonne. Der Fahrer öffnet die Türen, jedoch möchte keine der wartenden Personen den Bus besteigen. Steif stehen sie vor dem Bus. Wasser läuft ihnen von den Mänteln. Vor der Haltestelle hat sich das Wasser in einer großen Pfütze gesammelt. In mehreren Strömen fließt das Wasser wieder zurück auf die Straße und schließlich steigen doch alle zu. Vom Zoo rast ein VW Bus auf das KaDeWe zu und hält mit quietschenden Reifen vor dessen Toren. Die hintere Tür öffnet sich und ein Mann mit einer Kamera auf seiner Schulter und eine Frau mit einem großen

Mikrophon in den Händen steigen aus dem PKW aus. Mit dem Fuß tritt die Frau die Tür des Wagens zu. Darauf steht *ARD*. Mit zügigen Schritten treten sie auf das KaDeWe zu. Der Fahrer steigt eben noch aus und sperrt den Wagen zu, als die beiden anderen bereits das Kaufhaus betreten. Beeindruckt von der Größe blicken der Kameramann und die Tonfrau auf das Geburtstagsschild des KaDeWe's. „Wann erwarten wir den Bürgermeister", fragt er sie. „In 20 Minuten." „Gut. Dann haben wir noch Zeit für einige Fragen", folgert er und schaltet die Kamera ein. „Wo ist denn…", fragt die Tonfrau, als ihre Frage beantwortet wird. Der Fahrer hechtet in den Lichthof. „Da seid ihr ja." „Wir wollten noch einige Passanten befragen, ehe der Bürgermeister uns mit seiner Anwesenheit beehrt", sagt die Tonfrau. „Gut, läuft die Kamera?" „Ja. Die Kamera läuft", antwortet der Kameramann. Seinen Mund lockernd tritt der Redakteur vor die Kamera und geht auf einen älteren Herrn zu. „Entschuldigen Sie mein Herr", spricht er ihn an. „Hätten Sie eine Minute für ein kurzes Interview?" „Oh. Mh - ja." Der Mann trägt einen grauen Mantel. Sein schütteres Haar ist gräulich meliert und durch die große Brille erscheinen seine Augen größer, als sie es sind. „Wieso sind Sie heute hier im Kaufhaus des Westens?" „Ich verbinde selbst sehr viel damit. Wissen Sie, ich bin im Jahr 1907 geboren - einige Straßen weiter in diese Richtung." Er weist mit seiner Hand auf den Wittenbergplatz. „Ich habe die Eröffnung ja nicht wirklich miterlebt, jedoch war ich schon nach dem Ersten Weltkrieg immer mit meinen Großeltern und meiner Mutter hier. Schon damals war das hier etwas ganz besonderes. Und nun mitzuerleben, wie dieses Kaufhaus zwei Kriege überstanden hat Denn Sie müssen wissen, dass das Haus während des Zweiten Weltkrieges auch schwer getroffen wurde. Und somit verbindet mich viel mit diesem Haus. Zwei Kriege überstanden und viele wertvolle Erinnerungen, die ich nicht missen möchte." „Vielen Dank für diese schönen Worte." „Ich habe zu danken." Der Herr verabschiedet sich und geht. Da stellt sich der Redakteur einer jungen Frau in den Weg, die gerade auf dem Weg zum Ausgang ist. „Hallo. Was halten Sie von diesem einzigartigen

Jubiläum des KaDeWe's?" „Bitte, lassen Sie mich durch!" „Bitte, nur eine Frage", versucht er sie zum Umkehren zu bewegen. Kurz darauf hält sie inne. „Na schön. Ich halte es für falsch ein gewinnorientiertes Unternehmen zu feiern. Es ist falsch und treibt die Schere zwischen arm und reich nur noch weiter auseinander. Wir sollten mehr darauf achten, dass es der breiten Bevölkerung gut geht und nicht nur einigen wenigen gut situierten reichen Snobs. Einen schönen Tag noch!" Aufgebracht wendet sie sich von dem Fernsehteam ab und verlässt mit forschem Schritte das Kaufhaus, als im gleichen Moment drei schwarze Mercedes 280 SEL auf den Wittenbergplatz fahren und vor dem  Hauteingang des KaDeWe's stehen bleiben. Aus dem vorderen Wagen steigt ein Mann im Anzug aus. Er tritt zum zweiten Wagen hin und öffnet dessen hintere Tür. Ein Mann steigt aus. Er knöpft sich das Jacket zu. Grau-braun ist sein Anzug. Sein blondes Haar scheint im Licht der Sonne. Gemeinsam mit zwei weiteren Männern tritt er durch die Tür ins KaDeWe. „Er ist da", bemerkt die Tonfrau. „Dann los“, drängt der Redakteur. Zügig treten alle drei um das installierte Podest herum und beziehen Stellung für eine gute Sicht auf den Bürgermeister. Dieser wird währenddessen von dem Chef des Hauses freudig empfangen. „Wie schön, dass Sie es einrichten konnten. Ich schüttle wärmsten Ihre Hand Herr Diepgen.“ „Es ist schön, mal wieder im Kaufhaus des Westens zu sein. Ich habe wenig Freizeit, wissen Sie. Also wo finden denn die Festivitäten statt“, fragt er. „Oh, gleich hier hinter dem roten Vorhang auf dem Podest.“ „Gut, wollen wir?“ „Dann los“, antwortet der Chef und beide treten um das Podest herum. Das KaDeWe ist voller Menschen. Im Lichthof drängen sich die Leute um

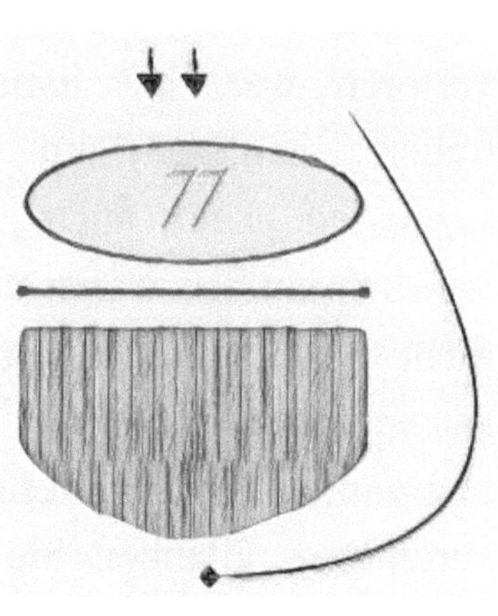

einen Stehplatz. Eberhard Diepgen tritt über zwei Stufen auf das hölzerne Podest. Allmählich legt sich die Unruhe und es wird still. Mit einigen kurzen Schritten tritt er an ein Pult heran, zieht ein Papier aus seiner Jackentasche und legt es auf das Pult. Stille. Ein Mann hustet zweimal. Dann wieder Stille. Diepgens Mund öffnet sich leicht. Kraftvoll saugt er Luft durch seine Lippen und füllt seine Lungen. „Meine Damen - meine Herren, liebe Berlinerinnen und Berliner. Seit nunmehr 77 Jahren stehen diese Mauern hier. Ein Ort der Versammlung - der Freude - und ein Ort für die Menschen, die gerade vor mir stehen. Das Kaufhaus des Westens hat nicht nur zwei Weltkriege überlebt, - es hat Menschen zusammengebracht. Wer verloren war, hat jemanden gefunden. Wer trauerte, kam her, um zu lachen und um zu vergessen. Und auch wenn die Zeiten nie wirklich einfach waren und sie es zur Zeit auch nicht sind, stehen wir nun dennoch hier und trotzen dem Leid der Welt, indem wir uns aneinander und miteinander erheitern und vergnügen. Glauben Sie mir, dieses Kaufhaus hat die Welt um sich herum beeinflusst - und das wird es auch noch viele weitere Jahre tun. Und deshalb möchte ich jetzt gerne einen Toast für das KaDeWe aussprechen." Eberhard Diepgen tritt neben das Pult und streckt seinen linken Arm nach vorne in die Zukunft. „Auf weitere 77 Jahre. Auf das Kaufhaus des Westens in West-Berlin." Die Leute beginnen zu klatschen. „Bravo!", ruft ein junger Mann. „Wunderbar", schallt es aus einer anderen Ecke. Eberhard Diepgen winkt zum Abschied den Leuten zu, tritt anschließend vom Podest und unterhält sich mit dem Chef des Kaufhauses. Währenddessen setzt der Kameramann die Kamera ab und beendet die Aufnahme. „Hast du alles im Kasten", fragt ihn der Redakteur. „Ja, das Band sieht gut aus." Nach und nach leert sich der Lichthof. Von oben sind Tropfen zu hören. Regentropfen prasseln auf die Bleiglasscheiben des Oberlicht Gewölbes, die Tauentzienstraße tritt über die Bürgersteige und stetig steigt der Wasserspiegel auf dem Wittenbergplatz.

KAPITEL 3

Das Seminar

Einige Tage später steht das Wasser immer noch in großen, schwarzen Pfützen auf der Tauentzienstraße. Entgegen der Vorhersage des Wetterdienstes ist die graue Wolkendecke an diesem Morgen aufgerissen und die Sonne wärmt nun den schwarzen Asphalt der Straße auf. Ein Käfer schleicht über den Wittenbergplatz. Der Fahrer hält sich den Arm vor die Augen, da er von der sich in den Pfützen spiegelnden Sonne geblendet wird. In der fünften Etage des KaDeWe's findet zur gleichen Zeit eine Zusammenkunft aller Mitarbeiter der Küchen- und Lebensmittelabteilung statt. Irmgard, Katarina, Hans, Albert und Rita Reihmann sitzen an exakt dem Konferenztisch, an welchem Henning Brown sich vor beinahe fünf Jahren das KaDeWe einverleiben wollte. Seit diesem Vorfall führt nun ein neuer Chef die Mitarbeiterabteilung. Er ist ein freundlicher und offener, jedoch unbelehrbarer Chef. „Guten Morgen", spricht er: „Sie wundern sich wahrscheinlich, warum Sie alle hier sitzen." Er blickt in die Runde. „Der Grund dafür ist - ein Seminar für Sie." „Seminar, was für ein Seminar", fragt Irmgard. „Es geht um die Erweiterung Ihrer Fachkenntnisse im Umgang mit der Kundschaft im Rahmen der Einführung eines Spektrums an Haupt- und Nebentätigkeiten, um nicht notwendiges Personal in andere Bereiche - auszulagern." „Das bedeutet - wir arbeiten mehr?", fragt Frau Reihmann. „Um es undiplomatisch zu sagen - ja", erwidert der Chef. „Wann findet dieses Seminar denn statt", wirft Albert ein. In diesem Moment fährt ein VW Kleinbus die Tauentzienstraße hinunter und bleibt quietschend vor dem Eingangstor des KaDeWe's stehen. „Heute. Ich habe für Sie alle einen Bus gemietet." Hans und Albert erheben sich aus ihren Stühlen und blicken aus dem Fenster. „Wenn ich nun also bitten darf", hält der Chef dazu an, den Konferenzraum zu verlassen. Gemeinsam besteigen alle den Bus und verlassen den Wittenbergplatz in Richtung des

Kurfürstendamms. Der Motor des Busses rattert laut und der Auspuff knallt ab und zu. „Was ist mit dem Wiener Café“, fragt Irmgard den Chef. „Das hat heute geschlossen. Ich habe eine Grundreinigung angeordnet“, erwidert der Chef. Beide müssen ihre Stimmen erheben, um einander deutlich verstehen zu können. „Und wo fahren wir hin“, fragt sie weiter. „Wir treffen uns mit einem Planungs- und Entwicklungsforscher in Wannsee. Alles weitere sehen wir dann vor Ort.“ Der Bus fährt über eine grüne Welle den Ku'Damm hinunter und verläßt über die AVUS das Stadtgebiet von West-Berlin. Hinter dem S-Bahnhof Wannsee biegt der VW-Bus in eine schmale, gepflasterte Straße ein. Auf der rechten Seite zieht eine Villa nach der anderen vorbei, ehe der Wagen vor einem großen, bedrohlich grauem Haus zum Stehen kommt. Der Chef öffnet die Tür und tritt über den Grünstreifen auf den Gehweg. Große, alte Eichen schmücken die sonst kahle Straße. Zwischen den Villen ist immer wieder der Wannsee zu sehen. Die Tür der grauen Villa öffnet sich und ein junger Mann tritt in den Vordergarten. Wie ein Papagei schmückt ihn seine bunte Kleidung. Ein Hemd mit roten, gelben und blauen Farbkreisen. Dazu eine Hose in den Farben des Regenbogens und silbern glänzende Schuhe mit kleinem Absatz. Mit geöffneten Armen empfängt er sie: „ Ich habe Sie sehnlichst erwartet. Kommen Sie nur herein." Die leichte und lebendige Stimme - die farbenfrohen Gewänder - das alles passt so garnicht zu diesem grauen Haus, überlegt Irmgard. Sie betritt das Haus. Leer. Der Korridor ist leer. Geradezu führt dieser in einen großen Saal mit hohen Fenstern, welche einen beeindruckenden Blick auf den Wannsee gestatten. Mitten in dem Saal stehen zwei Regale. Leere Regale, wie sie ebenfalls im KaDeWe stehen. „Bitte, fühlen Sie sich wie zu Hause. Wenn Sie Durst verspüren, gehen Sie in meine Küche und holen Sie sich etwas zu trinken. Die Toiletten sind eine Treppe höher und dann rechts. Sie sollen sich hier wohl fühlen. Denn wenn nicht, fühle ich mich auch nicht wohl." „Sehr freundlich, vielen Dank", bemerkt Katarina. „Kommen Sie, stellen wir uns in einem Kreis auf." Er schließt kurz die Augen und atmet einmal tief durch. Ruhig beginnt er zu sprechen: „Hallo, mein Name ist Johannes

Strippenzieher und ich bin Diplomforscher für Planung und Entwicklung im Einzelhandel mit einer Spezialisierung im Bereich der angewandten Kommunikation. Und seit einigen Jahren biete ich für Leute wie Sie einen Kurs für die Ausweitung der Kompetenz im Umgang mit Kunden an. Und genau das werden wir heute machen. Dafür habe ich bereits etwas vorbereitet." Johannes verweist mit seinem Blick auf die beiden Regale. „Wenn Sie beide aus der Küche die roten Körbe holen könnten", bittet er Albert und Hans. „Wie heißen Sie eigentlich?" „Ich - ich heiße Katarina." „Mein Name ist Irmgard und meinen Chef kennen Sie sicherlich bereits." „Ehrlich gesagt nicht so gut, wie ich gern würde. Ahh, die Körbe." „Wozu benötigen Sie denn die ganzen Handtaschen", fragt Albert. „Sie lernen bei mir den Kunden zu lesen und ihm etwas zu verkaufen. Und wobei kann man das besser üben, als in einem Rollenspiel." „Ein Rollenspiel", fragt Hans. „Jawohl, ein Rollenspiel. Helfen Sie mir die Taschen in das Regal einzusortieren." Einige der Taschen sind etwas zerknautscht. Sie müssen einige Zeit in den Körben gelegen haben. Rote neben blaue, goldene neben grüne Taschen. Unsortiert steht Tasche an Tasche. „Sie dürfen sich gerne besprechen. Wir brauchen einen Berater, einen Kassierer und einen Kunden“, sagt Johannes. „Also ich könnte den Kunden spielen“, wirft Irmgard ein. „Dann bin ich Verkäufer“, sagt Katarina wie aus einer Pistole geschossen. „Ha, bloß nicht Kassierer sein“; fügt sie erleichtert hinzu. „Ich gebe Ihnen beiden fünf Minuten Zeit, um in die Rolle einzutauchen.“

Auftritt: Szene 1.

Irmgard tritt zwischen die Regale und mustert die Taschen. Katarina sortiert derweil neue Ware ein.

Irmgard nimmt eine rote Ledertasche in die Hände und öffnet diese. „Schön verarbeitet - und viel Platz.“ Jedoch stellt Irmgard die Tasche wieder ab. Sie tritt näher zu Katarina heran. „Ach entschuldigen Sie.“ „Bitte?“ „Ich habe eine Frage.“ „Oh bitte nicht. Meine Schicht ist beinahe rum!“ „Halt! Stop. So geht das nicht.“ Katarina und Irmgard fangen an zu lachen und

Katarina legt eine Tasche ab. „Sie müssen jederzeit offen und freundlich im Kontakt mit dem Kunden sein, auch wenn Ihre Schicht möglicherweise gerade vorbei ist. Also! - nochmal von Beginn an."

Auftritt: Szene 1. II

Irmgard tritt zwischen die Regale und mustert die Taschen. Katarina sortiert derweil neue Ware ein.

Irmgard tritt in den Gang hinein und nimmt sich eine Tasche. „Diese Tasche hier hat einen Fehler! Sie sollten diese aus Ihrem Sortiment entfernen." „Ich bitte Sie, das sind doch nur - Schönheitsfehler. Wie wäre es, wenn ich Ihnen 20 Prozent des Preises erlasse." „Das geht gar nicht. Aber sie kleidet mich gut, nicht?" Irmgard hängt sich die Tasche um und posiert etwas damit. „Hahaha, diese Tasche passt überhaupt nicht zu dir meine liebe." „Halt! Sie beide sind sich noch nie zuvor begegnet. Sie sind eine Kundin und wollen eine Tasche und Sie sollen sie Ihr verkaufen." „Naja - die will ja gar keine andere Tasche haben." „Nein, nein. Also nochmals von vorne.

Auftritt: Szene 1. III

Irmgard tritt zwischen die Regale und mustert die Taschen. Katarina sortiert derweil neue Ware ein.

„Ich bin auf der Suche nach einer neuen Tasche. Ob Sie mir in dieser Angelegenheit weiterhelfen würden?" „Zu welchem Anlass wird diese Tasche benötigt, wenn man fragen darf." „Für eine Beerdigung." „Dann wäre wohl etwas schwarzes geboten." Katarina sucht mit ihren Augen und findet. Eine kleine, schwarze Tasche aus Leder. „Wenn Sie diese einmal anprobieren mögen." Irmgard greift nach dem schmalen Riemen und hängt sich die Tasche um. „Sie passt. Für die Beerdigung wird sie allemal ausreichen. Vielen Dank für diese tolle Beratung." Irmgard tritt aus dem Regal heraus. „Und?" „Den Kassierer. Wir haben keinen Kassierer", fällt Johannes auf. „Ich gebe den Kassierer", meldet sich Albert. „Du schaffst das"; feuert ihn Hans an. Albert nickt ihm grinsend zu. „Das wollte ich schon immer mal machen. Wo ist denn meine Kasse." „Dieser Tisch dort muss leider ausreichen." „Aha", bemängelt Albert sarkastisch.

Auftritt: Szene II. I

Alden steht an der Kasse. Irmgard tritt zur Kasse hin und stellt die Tasche auf das Band.

„Ich stelle meine zukünftige Tasche auf das Band." „So. Und wie bringe ich das - Band dazu, mir die Tasche zu geben?" Irmgard schiebt die Tasche zu Albert hin. „Hallo. Wie geht es Ihnen heute? Diese Tasche soll es also sein", fragt Albert. „Warten Sie", sagt Irmgard: „Ich will diese Tasche nicht." Irmgard nimmt die Tasche vom Band. „Was tun Sie denn", fragt Johannes überrascht. „Ich möchte diese Tasche doch nicht." „Doch. Sie wollen diese Tasche!" „Nein, ich will sie nicht." „Jedoch ist dies nur ein Rollenspiel. Also bezahlen Sie bitte diese Tasche. Nochmal von vorne!"

Alden steht an der Kasse. Irmgard tritt zur Kasse hin und stellt die Tasche auf das Band.

„Hallo, diese Tasche soll es sein?" „Ja. Ich liebe diese Tasche über alles." „Es ist eine feine Tasche. Gibt es einen bestimmten Anlass dafür?" „Ja, ich möchte endlich nach Hause." Johannes räuspert sich auffällig. „Eine Beerdigung. Meine Tante." „Das tut mir leid." „Ja, sie ist zu früh gestorben." „Das macht dann 250 Mark." „250! Für eine Tasche. Sind Sie des Wahnsinns?" Johannes Strippenzieher klatscht in seine Hände. „Gut! Vielen Dank für dieses überaus - durchwachsene Rollenspiel. Und Sie machen das wirklich gut. Nun würde ich die Rollenverteilung gerne rotieren lassen. Würden Sie den Kunden spielen? Dann können Sie sich als Verkäuferin ausprobieren?"

Die Sonne zieht über die graue Villa hinweg und wirft bereits lange Schatten. Einige Vögel zwitschern noch und beleben die ruhige Herbstluft.

„Ich bedanke mich recht herzlich für ihre Mitarbeit bei diesem sehr erfolgreich verlaufenen Seminar. Ich hoffe, dass Sie viel für ihre zukünftigen Tätigkeiten aus dieser heutigen Veranstaltung mitnehmen. Und vor allem haben Sie Freude an ihrer Arbeit. Humor und ein lockeres Miteinander unter den Kollegen hilft dabei, das Betriebsklima sauber und rein zu halten. Kommen Sie gut nach Hause.“ „Vielen Dank“, bedankt sich der Chef bei Johannes. „Lassen Sie uns keine Zeit verschwenden und möglichst noch vor Einbruch der Dunkelheit beim KaDeWe sein.“ Johannes Strippenzieher öffnet die Haustür und begleitet die Truppe noch zu ihrem VW Bus. „Kommen Sie gut heim. Ich werde in naher Zukunft mal bei Ihnen im KaDeWe vorbeischauen.“ „Tun Sie das“, sagt der Chef und lässt den knatternden Motor an. Stolpernd erst, dann flüssiger beginnt der Motor zu laufen. „Auf Wiedersehen“, rufen alle. Der Chef tritt auf das Gaspedal. Röhrend heult der Motor auf, ehe sich der Wagen in Bewegung setzt. Schließlich saust der kleine Bus das Pflaster hinunter zum S-Bahnhof Wannsee und geradewegs in die Weststadt Berlins hinein.

Funkelnd spiegeln sich die letzten Strahlen der Sonne in dem rot-weißen Blech des VW und in der Ferne verschwindet das kleine Auto im Dschungel der Stadt.

Ratternd zieht der Chef die Handbremse an und steigt aus. „Ich danke Ihnen für diese ausgezeichnete Mitarbeit bei diesem Seminar. Das ist keinesfalls selbstverständlich. Ich kann nun auch nicht mehr tun, als Ihnen noch einen angenehmen Abend zu wünschen." „Bis morgen." Der Chef verschwindet durch eine der Glastüren im KaDeWe. „Naja dann", sagt Irmgard: „das war ein wirklich schöner Tag heute. Ihr seit die besten Kollegen, die ich mir nur vorstellen kann." Irmgard drückt jeden kurz und verschwindet über die Straße im U-Bahnhof Wittenbergplatz. „Und was machen wir heute noch, Katarina", fragt Albert. „Ein - Essen - zu zweit. Dazu würde ich nicht nein sagen." „Ich habe rein zufällig heute einen Tisch für zwei im *Restaurant Grand Literatur* um 18 Uhr reserviert." „Oh Albert!" Sie drückt ihn und küsst ihm auf die Wange. Albert winkt ein Taxi herbei und gemeinsam fahren sie davon.

KAPITEL 4

Das Winterwunderland

Wolken. Überall um mich herum. Was bin ich? Wo bin ich hier? Es ist kalt - mir ist kalt. Dort! Ein riesiger Kristall. Da drüben ist noch ein weiterer. Hunderte. Nein, tausende. Jeder sieht anders aus. Was ist das? Ein Tropfen? Er wird größer - verzweigt sich und beginnt zu glitzern. Das wird ein weiterer Kristall. Oh nein. Warum bin ich hier. Mo- Moment! Ich bin ja auch ein Kristall. Viele Kristalle werden von einer Windböe erfasst und verbinden sich miteinander. Die kristallinen Flocken werden größer und größer, sodass diese zu fallen beginnen. Lichter nähern sich von unten. Was sind das für Lichter? Rot und gelb treten aus den grauen Nebelschwaden des winterlichen Sturms hervor. Da ist der Boden. Oh nein - ich werde aufschlagen. Schnell - BREMSEN!! Die Schneeflocke schlägt auf. Alle Schneeflocken schlagen nach und nach auf dem Boden auf. Es ist Winter. Heute ist der zweite Advent und es fällt der erste Schnee. Das Glasdach des KaDeWe's schneit langsam zu. Der Wittenbergplatz ist mit einer dünnen Schneedecke überzogen. Viele Kinder spielen im Schnee und eine Familie baut gerade einen Schneemann. Autos und Busse gleiten ruhig und sanft über den gedämpften Asphalt der Tauentzienstraße. Überall funkeln Lichterketten und in vielen Fenstern stehen Lichterbögen oder es hängt dort ein Weihnachtskranz. Vor dem Eingang des KaDeWe's steht eine Blaskapelle. Die blechernen Instrumente spiegeln das Licht der vielen kleinen Glühbirnen. Der Schnee schmilzt auf dem warmen Metall und tropft vor den Füßen der Bläser auf den weißen Boden. Die Mitglieder des Blasorchesters sind in schwarze Hosen und rote Mäntel gekleidet. Sie spielen *Leise rieselt der Schnee*. Ein junger Vater wirft ihnen Eine Mark in einen Topf, der an einer Aufhängung befestigt ist. Er hat seinen Sohn an der Hand. Beide gehen an den Bläsern vorbei und treten durch die mittlere Glastür in das Kaufhaus. Der junge trägt eine blaue Wollmütze. Sein Vater nimmt sie ihm ab. Er bemerkt das nicht, da sein Blick auf das funkelnde Kaufhaus gerichtet ist. Er hat die Augen weit aufgerissen. In ihnen spiegelt sich der gewaltige Weihnachtsbaum wider. Wunderschön. Eine Tanne - acht Meter hoch und von oben bis unten geschmückt. Eine grün-rote Lichterkette rankt sich von unten in einer Spirale bis zur Spitze. Die Zweige sind mit funkelndem Lametta und Christbaumkugeln behangen. Rot, silber und blau funkeln die Kugeln, jede angestrahlt von der Lichterkette. Auf der Spitze sitzt ein gewaltiger goldgelb leuchtender Stern. An den Säulen der Etagen hängen Lichtgirlanden, eingeflochten in Tannenzweige. Die Geländer sind mit grünen Adventskränzen geschmückt an denen goldene Glocken baumeln. Auf den Tischen im Wiener Café steht jeweils eine rote Kerze und ein Weihnachtsstern. Auch die Kuchenausgabe ist weihnachtlich geschmückt. Überall stehen Nussknacker, Walnüsse und Clementinen - dazu Schalen mit gebrannten Mandeln und Zimtstangen. Alles duftet warm und süß. Speziell in der Weihnachtszeit schenkt das Wiener Café Glühwein aus, sowie Kaffee mit einer

Zimtstange darin. Konditor Albert ist bereits seit heute morgen dabei Rumkugeln zu formen, Zimtsterne zu backen und Christstollen mit Puderzucker zu bestreuen. Herr Reiber nimmt sich ein fertiges Blech mit Zimtsternen und zwei Christstollen, platziert sie auf dem Servierwagen und schiebt ihn in die Kuchentheke. Dort steht Irmgard und brüht gerade neuen Kaffee auf. „Stell die Zimtsterne einfach dort ab, Hans", entgegnet sie ihm. „Ist gut." Er stellt das Blech und die Stollen auf der Theke ab und schiebt den Wagen zurück in den Fahrstuhl. Irmgard füllt eine hohe Tasse mit Kaffee, und steckt noch eine Zimtstange hinein. Sie gibt die Tasse rüber zu einem Herrn mit Schiebermütze. Das Geld liegt bereits passend in einer Schale mit einem goldenen Stern darauf. Der Herr stellt seinen Kaffee auf einem Tisch ab und geht weiter zu einer kleinen Essensausgabe. Auf einem Schild daneben steht in großen Lettern geschrieben: „WARMES & DEFTIGES". Darüber hängt eine Karte. „*Weihnachtsmenue*" steht darauf. Er liest sich die Karte aufmerksam durch.

Katarina Franz steht hinter der Theke und fragt den Herrn: „Was darf es denn sein." „Ich nehme einmal das Gulasch bitte." „Einmal das Gulasch", sie nimmt einen vorgewärmten Teller und füllt das Gulasch darauf, daneben drei große Kartoffeln, noch eine Kelle Sauce über die Kartoffeln, dann stellt sie den Teller auf die Glastheke. „Das macht dann 10 Mark 50 bitte." Der Herr zahlt auch hier passend, nimmt den Teller und geht damit rüber zu seinem Tisch. Er nimmt Platz, setzt die Mütze ab und trinkt einen Schluck des warmen Kaffee's. Er stellt kurz darauf fest, dass er kein Besteck hat. Er will aufstehen, da legt von hinten eine Person ihre Hand auf die Schulter des Herrn. Ein Mann im Karohemd und Lederjacke. Er trägt eine Gitarre über der Schulter. Reverend Robertson signalisiert ihm sitzen zu bleiben. Er geht zu Frau Franz, holt das Besteck und reicht es ihm: „Hier mein Freund." Der Herr bedankt sich und Reverend Rob schreitet weiter zur Kuchenausgabe.

„Hallo Irmgard, wie geht es Ihnen. Ist alles in Ordnung hier im Wiener Café?" „Hallo

Reverend Robertson. Ich kann nicht klagen. Katarina übernimmt die Arbeit an der Essensausgabe für warmes und deftiges mittlerweile mit viel Elan und Freude." „Das freut mich wirklich. Der Herr hat auch einige Augen für Katarina übrig." „Dabei ist sie doch bereits seit Jahren vergeben." „Solange es nur bei einer Fantasie bleibt hat der große Boss nichts dagegen. Aber was ich Sie fragen wollte. Ich suche wieder eine Frau für das Krippenspiel. Denn die Rolle der Maria ist noch frei. Und da Sie vor einigen Jahren bereits diese Rolle übernommen haben, hätten Sie vielleicht Lust wieder mitzumachen." „Ich weiß nicht. Ich bin hier ziemlich eingespannt. Und nach diesem Seminar habe ich noch mehr zu tun."

„Kommen Sie. Nehmen Sie sich auch mal Zeit für sich, denn nur für die Arbeit zu leben, lohnt sich nicht. Das Leben braucht keine Arbeit. Das Leben will erlebt werden. Kommen Sie. Nehmen Sie sich die Zeit und spielen die Maria. Sie werden sehen. Es wird sich für Sie lohnen." „Eigentlich. Dann müsste ich… - na gut, ich mach's", entgegnet Irmgard. „Na sehen Sie, es geht doch. Dann sehe ich Sie bei der nächsten Probe?“, Irmgard nickt lächelnd. „Ach ja, ich wollte eigentlich ein Stück Stolle, aber zum Mitnehmen. Denn für eine Pause habe ich keine Zeit.“ Irmgard schneidet ein großes Stück der Stolle ab, packt es ein, reicht sie ihm rüber und sagt: „Die geht aufs Haus, für die netten Worte.“ „Danke, Irmgard.“ Reverend Robertson lächelt, zieht die Gitarre wieder zurück auf den Rücken, nimmt das Stück Stolle und verlässt das Wiener Café in Richtung des großen Weihnachtsbaumes. Dort stellt er sich hin, nimmt die Gitarre wieder vor den Bauch und fängt an zu spielen:

»O Tannenbaum, o Tannenbaum, wie treu sind deine Blätter. Du blühst nicht nur zur Sommerszeit, nein auch im Winter, wenn es schneit. O Tannenbaum, o Tannenbaum, wie treu sind deine Blätter«

Langsam wird es dunkel. Draußen fällt der Schnee. Leise und unaufhörlich bedeckt er die Straßen und Dächer der Stadt. Im KaDeWe leuchten die Lichter immer intensiver. Von draußen wirkt es wie ein Winterwunderland.

Drinnen singt der Reverend - Leute versammeln sich um den Weihnachtsbaum und draußen verwandelt der eisige Wind die Welt in ein weißes Paradies. Ein Weihnachtsmann schreitet vor den Türen des KaDeWe's auf und ab. Er schwingt eine Glocke und ruft: „Ho Ho Ho. Fröhliche Weihnachten. Ho Ho Ho." Und dank der Weihnachtsbeleuchtung ist die Sonne nie wirklich untergegangen. Sie leuchtet weiter in jedem noch so kleinen Licht und erhellt die sonst düstere Welt.

KAPITEL 5

Retoure um Retoure

Es ist Donnerstag, der 27. Dezember 1984. Die Uhr zeigt 10 Stunden und drei Minuten. Gerade öffnet der Pförtner die Türen des Kaufhauses des Westens. Die Straßen sind leer. Ein Bus fährt über den Wittenbergplatz. Kaum zu hören sind seine Reifen auf dem Asphalt der Straße. Seit drei Wochen schneit es immer wieder und West-Berlin ist eingeschneit. Irmgard tritt gerade aus der kleinen Küche des Wiener Cafés, als das Haustelefon klingelt. Schrill schellt die Glocke und der Hörer vibriert in der Gabel. Irmgard hält einen Moment inne, greift schließlich zum Hörer und nimmt ab. „Wiener Café, Irmgard am Apparat." „Rauschend und knisternd quäkt es aus dem Lautsprecher. „Wir benötigen noch eine Aushilfskraft in der Lebensmittelabteilung. Kommen Sie unverzüglich nach oben in die Lebensmittelabteilung!" Stille. Leise rauscht das Telefon. Irmgard hängt den Hörer auf und überlässt Katarina die Führung über das Wiener Café. Sogleich besteigt sie den Aufzug. Frau Reiber sitzt gerade an einer Kasse. Von Menschen überlaufen versucht sie die einzelnen Wünsche der Kunden nach bestem Wissen zu erfüllen. Irmgard tritt gerade aus dem Aufzug, als sie die Masse erblickt. „Gott sei Dank bist du hier, Irmgard. Ich werde hier überrannt und die meisten Kollegen sind im Urlaub." „Ich sehe schon. Das ist ja schlimm." Irmgard setzt sich an die Kasse gegenüber von Rita Reiber und winkt

einige der Kunden zu sich heran. Ein junger Herr stapelt seinen Einkauf vor Irmgard's Kasse. Einen

Joghurt, Spätzle, Soßenbinder und vieles mehr. Zum Schluss greift Irmgard einen Polunder mit Rentieren darauf. „Den haben wir hier gar nicht im Sortiment." Aus einer Unachtsamkeit erwachend schreckt der Herr auf. „Das, den wollte ich zurückgeben." „Da müssen Sie aber mit dem Mitarbeiter aus der

Bekleidungsabteilung sprechen." „Dort war ich ja auch. Und der Mitarbeiter hat mir gesagt, ich solle den Polunder an einer der Kassen zurückgeben." Irmgard greift verwirrt zu einem Telefon neben ihr und wählt die Kurzwahl für die Bekleidungsabteilung. „Hallo, hier ist Irmgard aus der Lebensmittelabteilung." „Hallo Irmgard." „Hans? Ich verstehe. Ich habe hier einen Kunden, der einen Polunder zurückgeben möchte." „Ein Polunder. Hat der eine rötliche Farbe und - so - Rentiere drauf?" „Ja - ja!" „Ich sagte ihm, er solle zu einer Kasse gehen. So wurde es mir jedenfalls von der Abteilungsleitung mitgeteilt." „Ach ja. Gut, dann vertraue ich auf dein Wort." „Ist gut. Tschüss." Hans legt auf und Irmgard wendet sich wieder dem Kunden zu. „Wenn Sie mir noch den Beleg des Kaufes zeigen, kann ich den Polunder zurücknehmen." „Moment." Der Herr wühlt in seinen Jackentaschen. „Ich hab' es gleich - da - da ist er ja, der Beleg." Er reicht Irmgard den Beleg. „Das sieht sehr gut aus. Möchten Sie das Geld ausgezahlt bekommen oder einen Gutschein in der Höhe des Einkaufspreises für das KaDeWe erhalten?" „Gerne als Auszahlung." Die Kasse klingelt und die Geldkassette springt auf. „Das KaDeWe wünscht Ihnen einen schönen Tag und einen Guten Rutsch ins neue Jahr." Der Herr verabschiedet sich und verläßt mit seinen Einkäufen die Lebensmittelabteilung. „Der nächste bitte." Eine ältere Dame tritt an die Kasse. „Ich möchte diese Tasche umtauschen. Ich habe es spät bemerkt, aber das Material ist brüchig und bricht an einigen Stellen. Sehen Sie hier." Die Dame zeigt die Bruchstellen der eigentlich aus echtem Leder bestehenden Tasche. „Irmgard. Irmgard! Sie sind es." „Fräulein Wessler." „Entschuldigen Sie, dass ich Sie nicht gleich erkannt habe, jedoch habe ich hier nicht mit Ihnen gerechnet." „Ja, es gab einige personelle Umstellungen. Denn wir sollen immer etwas zu tun haben, damit das KaDeWe keine Verluste einfährt. Und somit springen wir von Abteilung zu Abteilung - um dort auszuhelfen, wo starker Andrang herrscht." „Das klingt sehr stressig, wenn ich das so höre." „Das ist es. Wir haben kaum eine Minute um durchzuatmen." „Naja, das KaDeWe ist auch nicht mehr das, was es früher einmal gewesen ist." Irmgard pflichtet ihr bei. „Wie es auch immer sein mag, Sie benötigen eine neue Tasche. Und da machen wir es einfach so. Ich stelle Ihnen eine Gutschrift über eine neue Tasche aus. Damit gehen Sie runter in die Abteilung für Accessoires und Dekoration und suchen sich eine Tasche Ihrer Wahl aus. Und diese Tasche können Sie dann, im Austausch gegen diese Gutschrift, einfach mitnehmen." „Och, vielen herzlichen Dank. Das ist aber überaus freundlich von Ihnen. Und was mache ich mit dieser Tasche hier?" „Die können Sie mir geben. Ich werde sie entsorgen." Fräulein Wessler lehnt sich auf die Ablage vor der Kasse und reicht Irmgard die Tasche entgegen. „Nochmal Vielen Dank. Auf Wiedersehen." Fräulein Wessler betritt einen Aufzug. Die Türen schließen sich und surrend fährt der Lift abwärts. Plötzlich klingelt das Telefon an Irmgard's Kasse. Sie nimmt ab. „Kommen Sie umgehend in das Wiener Café. Die Kunden warten auf eine Bedienung!" „Das hätte ich Ihnen auch…, aufgelegt. Toll!" „Ist etwas passiert, Irmgard?" „Ich muss wieder nach unten. Dieses Management macht mich irgendwann nochmal wahnsinnig." „Was soll ich denn sagen. Ich muss hier alleine für vier Kassen arbeiten." „Das ist alles Mist", schimpft Irmgard und schnellt in den nächsten Aufzug. Im Wiener Café zwängt sie sich an den Kunden vorbei und ruft zur Achtsamkeit auf. „Bitte bewahren sie alle die Ruhe. Lassen Sie uns nicht vergessen, dass vor wenigen Tagen Weihnachten war. Kommen wir also alle runter und beruhigen uns. Und dann sagt mir einer nach dem anderen, was er gerne hätte - und ich werde sehen, ob das möglich ist, oder auch nicht." „Hallo Irmgard", begrüßt sie eine vertraute Stimme. „Hallo Reverend. Wie geht es Ihnen. Was führt Sie zu mir?" „Es ist Weihnachten. Ich komme gerade aus der Kaiser-Wilhelm-Gedächtnis-Kirche. Heute fand dort ein besinnlicher Weihnachtsgottesdienst statt. Ich spielte einige Lieder und hielt die Predigt. Dabei kam alles zusammen. Heimkehren und besinnlich Beisammensein in Ruhe und Frieden." „Das klingt sehr schön. Jedoch ist das hier im KaDeWe nicht wirklich möglich." „Das ist sehr schade. Die besinnliche Weihnachtszeit soll uns an die Ruhe erinnern. Sehet und staunet, denn uns ist ein Retter geboren. Und so fürchtet euch nicht vor der Dunkelheit, denn der Allmächtige führt euch durch die Schwärze der Nacht. Wenn wir das niemals vergessen, so wird uns kein Unheil geschehen und wir wandeln im Lichte des Herrn." „Ich werde - ich werde sehen, wann ich zu dieser Ruhe zurückfinde. Doch erstmal habe ich hier zu arbeiten." Reverend Robertson überlegt einen Moment. „Wann warst du das letzte Mal in einem guten Gottesdienst", fragt er. „Also - dafür habe ich keine Zeit." „Halt. Weiche nicht der Frage aus, ansonsten weichst du nur dem Leben aus. Also - wann war dein letzter Besuch in einem guten Gottesdienst?" „Ach, das muss - mittlerweile - sechs oder - sieben Jahre zurückliegen." „Sieben Jahre! Das ist viel zu lange. Da verwundert es mich nicht, dass dir hier alles über den Kopf wächst." Reverend Robertson tritt in die Kuchenausgabe. „Ist das hier das Personaltelefon", er weist auf das Telefon an der Wand. „Ja, das ist es. Aber..." Neben dem Telefon hängt eine Liste mit den Kurzwahlen für jedes Telefon des Hauses. Der Reverend nimmt den Hörer in die Hand und wählt die Nummer für die Personalabteilung. „Ja, hallo! Hier spricht Reverend Gregor Robertson. Irmgard aus dem Wiener Café geht es nicht gut. Mit der mir verliehenen Macht der Kirchengemeinde von Berlin Schöneberg befreie ich sie vom Dienst und werde sie zu einer höheren Art der Behandlung begleiten." Ehe ein Einspruch ausgesprochen werden kann hängt Gregor Robertson den Hörer auf. „So, wir gehen jetzt in Ruhe einen Kaffee trinken." „Ja, aber…ich kann nicht einfach…" „Doch du kannst. Komm", Reverend Robertson tritt aus dem Wiener Café. Irmgard legt ihre Schürze auf die Granitplatte vor die Glasvitrine und folgt in zaghaften Schritten dem Reverend.

Eine Stunde später in einem Café im Zoologischen Garten von Berlin:

„Ich muss Ihnen danken. So einen ruhigen Nachmittag hatte ich schon seit langer Zeit nicht mehr." „Wie gut es doch tut, ab und zu aus dem vermeintlich geregelten Alltag auszubrechen", bestätigt der Reverend. „Was hast du nun vor, Irmgard." „Ich, ich weiß es nicht. Eine

Veränderung der derzeitigen Situation würde ich mir sehr wünschen. Und irgendwann vielleicht ein Enkelkind. Oma zu werden, würde mir sehr gefallen." „Dein Sohn hat…" „…eine Freundin, ja." „Sind sie glücklich zusammen?" „Ich glaube, dass es etwas dauerhaftes sein kann." „Das freut mich sehr. Aller Anfang ist schwer, aber warum kommst du nicht am 30. Dezember in den Gottesdienst in der Gedächtnis-Kirche. Ich halte eine Predigt und sie ist bis jetzt sehr gut." „Nach all dem, was Sie für mich getan haben, kann ich dieses Angebot nicht ausschlagen. Also, mit anderen Worten - ich komme sehr gerne." Gemeinsam verbringen Irmgard und Gregor den restlichen Nachmittag in dem Café im Zoo. Leise fallen die Schneeflocken vor dem Fenster auf den weißen, gefrorenen Boden. Das Wasserbecken der Seerobben ist zugefroren und einige Kinder veranstalten auf den Wegen eine Schneeballschlacht. Und langsam - eine nach der anderen - werden die Lichterketten der Weihnachtsbeleuchtung eingeschaltet und erhellen das weiße Wunderland und die dämmernde Landschaft.

KAPITEL 6

Anomalien

Die Sicht ist schwarz. Nichts als Schwärze. Plötzlich ist der leise Hauch der Klingel eines Telefons zu hören. Lange hallt der Klang der Glocke nach. Hallend wiederholt die Klingel ihre Forderung. Irmgard steht im Wiener Café. Sie starrt in die Leere. Die Glocke des Telefons dringt in ihr Bewusstsein. Nebenher folgt eine leise Stimme: „Irmgard." Nochmals deutlicher: „Irmgard!" Dieses mal wirkt die Stimme fordernd. Das Telefon schellt erneut. „Irmgard! Würdest du bitte ans Telefon gehen!" Zu ihrer Linken steht Albert. Irmgard dreht ihren Kopf zu ihm hin. „Ah!" Sie erschrickt und fährt zusammen. „Was ist denn los. „Dein - dein Gesicht", stottert sie. „Was ist damit?" „Bis auf deinen Mund ist nichts dort. Nur Haut und - sonst nichts." Irmgard mustert Alberts Gesicht nochmals. „Kannst du mich überhaupt sehen?" „Natürlich kann ich dich sehen", sagt

Albert etwas eingeschnappt. Dann hebt er seine zu Fäusten geballten Hände und öffnet sie. Auf der Handfläche sitzt je ein Auge. Abwechselnd blinzeln sie und blicken Irmgard an. Ah! Das ist ja ekelhaft! Wie ist so derartiges überhaupt möglich?“ Wieder schellt das Telefon. „Würdest du bitte endlich ans Telefon gehen“, schimpft Albert mit Nachdruck. Irmgard nimmt den Hörer an ihr rechtes Ohr. Ein schriller Ton erfüllt den Raum. Plötzlich beginnt der Boden zu vibrieren. Irmgard lässt den Hörer fallen. Ein Luftzug ergreift sie. „Was ist hier los?“ Mit einem Schlag ist alles still. Leises Rauschen der Straße erklingt im Hintergrund. „Was ist wo los“, fragt Katarina. „Bitte…Katarina, was tust du denn hier? Und wo sind wir hier?“ „Wo wir sind?! Auf dem KaDeWe“, klärt Katarina auf. „Und warum - ich war eben noch unten im Wiener Café.“ „Naja, wir haben Pause und du wolltest auf das Dach gehen, um in Ruhe eine Zigarette zu rauchen.“ „Eine Zig…aber ich rauche nicht.“ Irmgard blickt an sich herunter und hält eine Zigarette zwischen ihren Fingern. „Das ist seltsam. Ich kann mich nicht erinnern, wann ich begann Zigaretten zu rauchen.“ Lautes

Rauschen erfüllt die Luft und der Himmel färbt sich blutrot. „Hier kann etwas nicht stimmen. Warum ist er Himmel rot!?“ „Der Himmel ist rot, weil ein Auto über deinen Kopf gefahren ist und deinen Schädel zerschmettert hat.“ Im nächsten Moment sieht Irmgard den schwarzen Asphalt der Straße. Sie liegt, am Kopf blutend auf dem Wittenbergplatz. Katarina steht ein paar Schritte entfernt. Hinter Irmgard steht das Auto, welches sie überrollte. Den Kopf von dem Asphalt lösend steht sie auf. Katarina blickt Irmgard zufrieden an: „Na bitte. Der sieht ja aus wie neu.“ Irmgard fasst sich an den Kopf - nichts, kein einziger Kratzer. „Dieser Tag wird von Minute zu Minute abstrakter“, stellt Irmgard fest, als plötzlich der Boden zu beben beginnt. Ein tiefes Wummern erfüllt die Luft. Das Unfallauto hüpft von einer Seite auf die andere und kippt schließlich um. Hell! Irmgard ist weiß vor Augen. „Hilfe. Hilfe! Ich kann nichts sehen!“ Plötzlich vernimmt sie die Stimme von Reverend Gregor Robertson: „Das ist doch Irrsinn. Natürlich kannst du sehen. Du musst dich nur umdrehen.“ Irmgard sieht sich um. „Ich kann mich nicht bewegen“, sagt Irmgard hilflos.

„Versuchte dich mit der Kraft deiner Gedanken zu drehen. Denke daran, wie du dich normalerweise drehst." „Ja, ich denke daran. Und jetzt?" „Jetzt tu es einfach. Dreh dich!" Irmgard dreht sich langsam zu Reverend Robertson hin. „Wo sind wir hier", fragt Irmgard. „Wir fliegen über Berlin. Sieh dort, dort durch den Wolkenbruch. Erkennst du es?" „Ja. Ja! Es wirkt so winzig von hier oben. Wie ist das nur möglich?" „Ich weiß es auch nicht. Ich weiß nur, dass mein Arbeitgeber dir sagen möchte, dass diese Fehde, die dort unten stattfindet, so nichtig und klein ist, wie nun deine Sicht auf West- und Ostberlin von hier oben!" „Ah!" Irmgard erblickt Katarina. Mit einer Größe von mehreren hundert Metern steht sie mit ihren gewaltigen Schuhen auf den Häusern der Stadt. Katarina winkt beiden zu. „Hallo Irmgard", hallt es aus ihrem gewaltigen Mund. „Hallo - Katarina?" „Ich soll dir etwas ausrichten", ruft Katarina. Als sie jedoch ihren Mund öffnet erzittert die Luft und der Boden bebt erneut. Katarina ist fort und auch der Reverend ist verschwunden. Irmgard fällt aus allen Wolken. Unter ihr ist das KaDeWe.

Irmgard stürzt durch die Glasdecke und landet im Lichthof vor dem Wiener Café. „Überraschung!", ruft es plötzlich aus allen Richtungen. Die gesamte Belegschaft des KaDeWe's hat sich vor der Freitreppe versammelt, um Irmgard zu empfangen. Ihr Chef tritt aus der Mitte zu ihr heran. Er schüttelt ihre Hand und verkündet ihr die frohe Botschaft: „Herzlichen Glückwunsch zu Ihrer Entlassung!" Irmgard stutzt: „Zu meiner - was?!" „Zu Ihrer Entlassung. Sie sind entlassen." Im Chor stimmen alle ein: „Entlassen! Entlassen!…" Ein schriller Ton überlagert mehr und mehr die Rufe der Kollegen. Die Erde bebt erneut. Dieses Mal heftiger, als die Male zuvor. Im nächsten Moment sind ihre Kollegen verschwunden. Die Erde bebt stärker und stärker und die gewaltigen Kronleuchter beginnen zu wackeln. Einer nach dem anderen löst sich aus seiner Verankerung und stürzt zu Boden. Die Mauern fallen in sich zusammen und Irmgards Sicht wird schwarz. Der Wecker zeigt sechs Uhr. Surrend und wummernd vibriert er auf ihrem Nachttisch. Der Wecker gibt einen grässlichen, schrillen Ton von sich. Irmgard öffnet ihre Augen.

KAPITEL 7

Der große Knall

Nach dieser unruhigen Nacht betritt Irmgard das KaDeWe etwas schreckhaft. Katarina säubert gerade die Kuchenauslage. In einem Eimer mit leicht trübem Wasser wäscht sie den Lappen aus und ist für Irmgard im ersten Moment nicht sichtbar. Irmgard betritt das Café mit ruhigen Schritten. „AH!", schreckt Irmgard zusammen. „AH, wer ist da!" Katarina schreckt hoch und stößt sich den Kopf an der Kante der Auslage. Dumpf klingt dieser Zusammenstoß. „Aua! Was ist denn los", fragt Katarina, während sie sich mit der linken Hand an den Kopf fasst. „Nichts - es ist nichts." „Na dann." „Es war nur - eine unruhige Nacht. Komische Träume und - ach, nicht so wichtig. Ich gehe mich kurz umziehen." „Ist gut." Irmgard besteigt den Aufzug und wählt die oberste Etage. Der Fahrstuhl zieht die Bremskeile zurück und das Gegengewicht bewegt sich leicht gebremst abwärts. Auf halbem Wege breitet sich ein Zischen in der Luft aus. Lauter und lauter wird dieses unerklärliche Geräusch. Im nächsten Moment verstummt es und es wird still. Plötzlich schnellen Irmgards Hände nach oben. Sie hält sich die Ohren zu. Ein lauter Knall, gefolgt von einer Schockwelle. Irmgard wird gegen die Wand der Kabine geschleudert und der Aufzug bleibt stehen. Die Explosion erschüttert das ganze Haus. Die Kronleuchter wackeln und die Tropfkristalle klingen. Staub und kleinste Sandpartikel gleiten durch den Lichthof und setzen sich auf allen Oberflächen ab. Katarina rennt geschockt aus dem Wiener Café in den Lichthof. Sie vernimmt leises rauschen. „Was ist da oben bloß passiert?" Katarina ruft einen Fahrstuhl, jedoch setzt sich keine der Kabinen in Bewegung. Als sie über die Treppe nach oben steigen möchte kommt ein Wassertropfen auf dem Boden im Lichthof auf. Weitere Tropfen schlagen hallend im Lichthof auf, gefolgt von einem Wasserschwall. Laut rauscht der neu entstandene Wasserfall in den Lichthof hinab. Katarina stürmt die Treppe hinauf. Im obersten Stockwerk liegt das Restaurant *Silberterrassen*. Scherben von

Glasscheiben liegen überall herum. Die Türen vor dem Restaurant sind aus den Angeln gesprengt und liegen deformiert und geborsten vor Katarinas Füßen auf dem Steinboden der fünften Etage. An ihnen vorbei bahnt sich das Wasser den Weg hinunter in den Lichthof. Vorsichtig betritt sie das Nobelrestaurant. Teile der silbernen Rosenblätter sind überall auf dem Boden verteilt. Die Wände aus Nussbaum sind hin zur Küche stark geborsten. Stühle, Sessel und deren Polster stecken teilweise in den Zierwänden. Ein kleiner Tisch wurde durch die Fensterscheibe geschmettert und liegt in Einzelteilen auf dem Balkon. Die Scherben der Fenster sind teilweise bis auf die Tauentzienstraße geflogen. Katarina hustet einige male, dann schreitet sie über die Scherben in die Küche hinein. Die Wände, die einst weiß waren, sind nun schwarz. Die stählernen Küchenschränke sind auf einer Seite aufgerissen. Metallteile stecken in allen Wänden. Eine Wand weist auffallend wenige metallene Objekte auf. Aus dieser Wand ragt ein Rohr, an dessen Ende eine kleine Flamme lodert. Daneben hängt der Überrest eines

Waschbeckens. Aus dessen Zulauf tritt Wasser aus und fließt aus der Küche ins KaDeWe. Katarina geht um die aufgerissenen Schränke herum. „Hans!“, schreit Katarina, als sie ihn erblickt. „Hhhch - hcchhh“, ist das einzige, das Hans hervorbringt, bevor ihm die Luft ausgeht. Nun kann Katarina es auch sehen. Hans stand während der Explosion an dem Gasherd und wurde von einer Suppenkelle schwer verletzt. An den Armen und den Beinen hat er schwere Verbrennungen. „Hans, oh Gott. Nein!“, klagt Katarina. „Hc-Hata-rhina“, presst er zwischen seinen verbrannten Lippen hervor. „Ja, ja - ich bin doch da.“ Die Gasflamme flackert stark. Ein Stück des glühenden Rohres löst sich und fällt ins Wasser. Es zischt und in diesem Moment weiß Katarina, dass sie flüchten muss. Das glühende Stück Metall in dem kalten Wasser entzündet das Gas in den Silberterrassen. Das Wasser erhitzt sich derart stark, dass es schlagartig verdampft und ebenfalls die Rußpartikel an den Wänden mit sich reißt. Eine ultraheiße Feuerwolke breitet sich in dem Restaurant aus und Katarina gelingt es im letzten Moment aus dem Restaurant zu entkommen. Große Flammen schlagen durch den Eingang ins KaDeWe hinein und lösen den Feueralarm aus. Katarina laufen Wasserperlen über ihr Gesicht und langsam sinkt sie auf dem nassen Steinboden zusammen. In schwerer Montur rückt die Feuerwehr des KaDeWe's an und bändigt die Flammen der zweiten Explosion. Nachdem der Chef den Feueralarm abstellt und die Hauptstromversorgung wieder hergestellt ist, tritt Irmgard perplex im zweiten Obergeschoss aus dem Aufzug und blickt sich überrascht um. Die Böden, die Schränke, die Waren sind alle nass vom Wasser des Feuerlöschsystems. Überrascht von der Unruhe steigt Irmgard hinauf in die fünfte Etage. Katarina sitzt mittlerweile auf einem der übrigen Stühle der Silberterrassen. Irmgard erblickt die ausgebrannte Ruine des Restaurants und setzt sich neben Katarina auf einen weiteren Stuhl. „Was ist hier bloß geschehen?" „Ich, ich glaube…", fängt Katarina schluchzend an, als der Einsatzleiter der Hausfeuerwehr aus der Ruine tritt. „Der Gasherd war's", sagt er zu beiden Damen. „Bitte", fragt Irmgard. „Die Ursache für den Brand war auf jeden Fall ein

Gasherd. Irgendwie muss das Gas ausgetreten sein. Schließlich hat es mit den in der Luft befindlichen Gasen und Fetten der Speisen reagiert und ist mit hoher Temperatur expandiert, als einer der Köche den Herd einschalten wollte", erklärt der Einsatzleiter. „Da war jemand drin?", fragt Irmgard geschockt „H - Ha - Hans - Hans war dort drin", schluchzt Katarina. „Was? Unser Hans. Unser Konditor Ha - H." Irmgard verstummt. „Mein Beileid, jedoch hat Ihr Kollege den Brand nicht überlebt", gibt der Einsatzleiter zu verstehen. Irmgard nimmt Katarina in den Arm. Der Chef tritt aus dem Personalbüro und fragt den Einsatzleiter nach seiner Expertise: „Ist das Feuer gelöscht?" „Soweit wir das sagen können, ja. Aber ich würde die Räumlichkeiten für mindestens 24 Stunden nicht betreten. Und anschließend muss sich ein Statiker das Haus ansehen, um negative Veränderungen in der Bausubstanz aufgrund der Explosionen abzuklären. Das bedeutet für Sie konkret, keine Besucher in den kommenden Wochen." „Das hört sich nicht gut an." Der Chef lehnt sich gegen die Brüstung der Treppe und blickt in den

Lichthof. „Wir müssen sowieso erstmal alle vernichteten Waren entsorgen, die finanziellen Verluste berechnen und kompensieren." „Ich würde sagen, da kommt einiges an Arbeit auf Sie zu. Naja, n' schönen Tag noch", verabschiedet sich der Einsatzleiter und tritt die Treppe hinunter. An ihm vorbei drängen sich zwei Gerichtsmediziner und verschwinden im Restaurant. Der Chef eilt ihnen hinterher. „Bitte betreten Sie nicht den Tatort!", verwarnt einer der Gerichtsmediziner den Chef. „Aber, aber warum Tatort? Hier ist wohl kaum ein Mord geschehen", gibt der Chef belustigend von sich. „Eben das wissen mir noch nicht. Auf jeden Fall gibt es einen Toten." „Tom, ich hab was." „Gut Jones. Wo ist was?" „Hier drüben, in der - naja, Küche." „Bitte bleiben Sie fern", sagt Jones zum Chef. Dieser lässt sich jedoch nicht abwimmeln und blickt über eine Durchreiche in die Küche und erschrickt: „Da ist ja, ist ja - ein Sk - Skel - Skelett!" „Bitte warten Sie draußen!", schimpft Jones und geleitet ihn hinaus. „So ein ungehobeltes Benehmen", schimpft Jones weiter, während er in der schwärze verschwindet. Das, was der Chef in der Küche erblickte, sind die verbrannten Überreste des Kollegen, der einst Hans Reiber genannt wurde. „Jones, das sieht mir sehr verdächtig aus. Es wäre mir lieber, wenn sich die SpuSi und die KriPo den Tatort ansehen würden." „Vielleicht hast du recht Tom. Ich werde beide umgehend kontakten." „Dann sind wir hier fertig." Tom packt seinen Koffer und Jones versieht den Eingang mit ausreichend Absperrband - zum Schutz vor allzu neugierigen Personen. „Sind Sie schon fertig", fragt der Chef neugierig. „Das wäre schön, nicht war Tom - aber nein." „Wir haben den Verdacht, dass die Explosion mehr war, als ein zufälliges Ereignis, nicht wahr Jones?" „So ist es. Wir haben die Spurensicherung und die Kriminalpolizei bereits kontaktiert. Tom & Jones verabschieden sich." „Aber, Sie - Sie können doch nicht…" Die beiden sind bereits eine Etage tiefer und reagieren nicht auf die Aussage des Chef's. In der nächsten Stunde wird der Tatort feinsäuberlich von der SpuSi untersucht. Die KriPo untersucht die Küche auf mögliche Spuren. Das Skelett von Hans Reiber übergibt die SpuSi den Gerichtsmedizinern Tom & Jones.

Die KriPo nimmt anschließend die Aussage von Katarina, von Irmgard und vom Chef auf. „Vielen Dank. Jedoch können wir momentan nicht viel mehr für Sie tun, Auf Wiedersehen", verabschiedet sich der Kommissar.

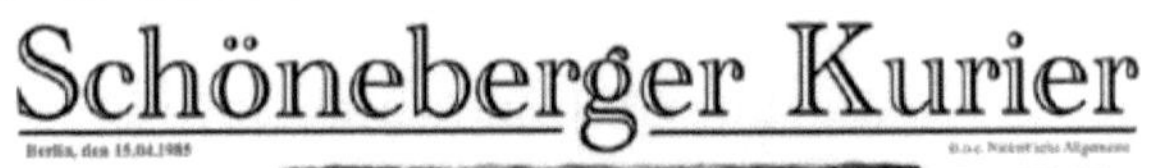

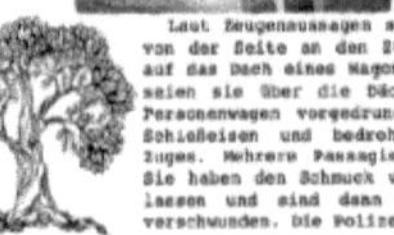

Schöneberger Kurier

o.n.c. Natürliche Allgemeine

Berlin, den 15.04.1985

Am 14. April gab es im Kaufhaus des Westens eine verheerende Explosion, gefolgt von einer gewaltigen Brandgasexplosion. Das in noblen Kreisen hoch gepriesene Restaurant „Silberterrassen" brannte dabei komplett aus. Nach jüngsten Angaben einer Zeugin kam bei diesen Explosionen ein Mann zu Tode. Gegen 8 Uhr morgens soll der Mitarbeiter versucht haben einen Gasherd in Betrieb zu nehmen, wobei der Herd durch die Rückkopplung explodierte. Seine Leiche wurde von der Spurensicherung aufwendig untersucht, wodurch der Verdacht entsteht, dass es sich bei diesem Unfall um

Der Verdacht kommt ziemlich schnell auf und ist laut der Meinung der Gerichtsmediziner Tom & Jones auch haltbar. ES HANDELE SICH UM MORD. Ob, und warum jemand den Konditor und Koch des KaDeWe's jedoch derart grausam erheucheln wollte, ist bis jetzt noch unklar. Fest steht jedoch, dass laut Zeugenaussagen der Mann nach der ersten Explosion noch gelebt haben soll. Warum wollte jemand einen unschuldigen Mann ermorden. Das und mehr versucht die Kriminalpolizei von Schöneberg derzeit zu ermitteln. Was wirft dieses Ereignis für ein Bild auf das so sagenumwobene Kaufhaus des Westens und welche dunklen Geheimnisse werden durch diesen Vorfall noch gelüftet. Wir bleiben dran . . .

Feuerteufel im KaDeWe!

Harmloser Unfall oder doch Mord?

Der Nichtsnutz!

Das hier ist nicht der Artikel, den du suchst. Wenn du etwas lesen möchtest, was wichtig ist, lies den Artikel da drüben. Auf der linken Seite ist das spannende Zeug. Na komm schon. Jetzt geh da rüber.

Zug überfallen!

Gestern Nachmittag um 4 Uhr hat eine Bande von vier Leuten die erste Klasse des Inter City von Nürnberg, kurz vor der Stadtgrenze Berlins überfallen.

Laut Zeugenaussagen seien die Leute mit Pferden von der Seite an den Zug geritten und wären dann auf das Dach eines Wagons geklettert. Von dort aus seien sie über die Dächer des Zuges bis in den Personenwagen vorgedrungen. Alle samt hatten sie Schießeisen und bedrohten damit die Gäste des Zuges. Mehrere Passagiere wurden dabei verletzt. Sie haben den Schmuck von einigen Frauen mitgehen lassen und sind dann wieder auf ihren Pferden verschwunden. Die Polizei ermittelt bereits.

Am nächsten Tag steht alles in der Zeitung. Als Irmgard das KaDeWe betritt kommt ihr diese Tragödie ganz unwirklich vor. Alles ist so, wie sie es gestern verlassen hat - nass. Alles ist von Wasser überströmt. Über die Nacht hat sich ein rauchiger Smog in den Räumen verbreitet. Es riecht nach Gas, jedoch auch nach verbranntem Holz und Chemischen Lösungsmitteln. Dazu kommt ein leicht modriger Fleischgeruch. „Da sind Sie ja", ruft der Chef von oben: „Katarina hat sich krank gemeldet." „Kommen Sie. Ich mache uns einen Kaffee", sagt Irmgard und tritt ins Wiener Café. Der Chef setzt sich an einen Tisch. Irmgard gesellt sich zu ihm. „Also, wie geht es nun weiter", fragt Irmgard. „Ich, ich weiß es nicht. Ich habe keine Ahnung", antwortet er ihr. „Das hört sich nicht gut an." „Es läuft generell nicht mehr so gut wie vor einigen Jahren. Sie haben es vielleicht mitbekommen. Die Kündigungen, das Seminar, um Personal zu sparen. Dieser Unfall oder was es auch immer gewesen sei ist nur ein weiterer Schritt hin zum Abgrund. Und deshalb weiß ich nicht mehr weiter." Sieht es wirklich so schlecht aus?" „Ich will es nicht beschwören, aber ich müsste lügen, wenn ich sagen würde, *das KaDeWe wird es noch in 20 Jahren geben.*" „So schlecht also - uff. Und was haben Sie nun vor?" „Warten wir es ab. Heute kommt der Statiker - dann wissen wir mehr." „Hallo? Hallo!", ruft es aus dem Lichthof. „Das wird er sein", sagt der Chef und springt auf. „Hallo, wie geht es Ihnen." „Das sieht ja wirklich - gut aus hier", bemängelt der Statiker. „Kommen Sie, gehen wir gleich nach oben." Der Chef geht vor, der Statiker folgt.

Eine Stunde und viele Messungen später:

„Und? Wie sieht es aus", fragt der Chef gespannt. „Ich habe eine schlechte und keine gute Nachricht. Diese Räumlichkeiten dürfen auf keinen Fall betreten werden! Das komplette Stockwerk muss abgetragen werden." „Oh je. Das sind wirklich keine guten Nachrichten." „Und ich will mich eher ungerne an eine Kostenschätzung wagen. Es tut mir leid, aber wir müssen hier umgehend raus. Ich muss das Gebäude absperren und der Umkreis muss gesichert werden", stellt der Statiker weiter fest. Gemeinsam gehen sie in den Lichthof hinunter und verlassen mit Irmgard das KaDeWe. Nachdem der Chef die Türen abgesperrt hat, klebt der Statiker je ein Sigel auf die Türrahmen und der Chef hebt das silberne Tor. „Und was heißt das jetzt", fragt Irmgard. „Ich werde alle Mitarbeiter für's erste Beurlauben. Ein Krisenstab wird dann entscheiden, wie es in Zukunft weitergeht." Der Chef verabschiedet sich von Irmgard und verschwindet in einer Seitengasse. Irmgard geht nachdenklich über den Wittenbergplatz und wirft einen letzten Blick auf das Kaufhaus des Westens wie es war, bevor sie im U-Bahnhof verschwindet. Denn so wie das Kaufhaus war, sollte es nie mehr werden.

Schöneberger Kurier

Berlin, den 15.04.1993

Am 14. April gab es im Kaufhaus des Westens eine verheerende Explosion, gefolgt von einer gewaltigen Brandgasexplosion. Das in noblen Kreisen hoch gepriesene Restaurant „Silberterrassen" brannte dabei komplett aus. Nach jüngsten Angaben einer Zeugin kam bei diesen Explosionen ein Mann zu Tode. Gegen 8 Uhr morgens soll der Mitarbeiter versucht haben einen Gasherd in Betrieb zu nehmen, wobei der Herd durch die Rückkopplung explodierte. Seine Leiche wurde von der Spurensicherung aufwendig untersucht, wodurch der Verdacht entsteht, dass es sich bei diesem Unfall um keinen solchen handeln könnte. Der Verdacht kommt ziemlich schnell auf und ist laut der Meinung der Gerichtsmediziner Tom & Jones auch haltbar. ES HANDELE SICH UM MORD. Ob, und warum jemand den Konditor und Koch des KaDeWe's jedoch derart grausam erheucheln wollte, ist bis jetzt noch unklar. Fest steht jedoch, dass laut Zeugenaussagen der Mann nach der ersten Explosion noch gelebt haben soll. Warum wollte jemand einen Unschuldigen Mann ermorden. Das und mehr versucht die Kriminalpolizei von Schöneberg derzeit zu ermitteln. Was wirft dieses Ereignis für ein Bild auf das so sagenumwobene Kaufhaus des Westens und welche dunklen Geheimnisse werden durch diesen Vorfall noch gelüftet. Wir bleiben dran . . .

Neuer Investor Gefunden!
Karstadt kauft das KaDeWe!

Der Tunichtgut!

Das hier ist nicht der Artikel, den du suchst. Wenn du etwas lesen möchtest, was wichtig ist, lies den Artikel da drüben. Auf der linken Seite ist das spannende Zeug. Na komm schon. Jetzt geh da rüber.

Neue Strecke!

Gestern Nachmittag um 4 Uhr hat eine Bande von vier Leuten die erste Klasse des Inter City von Nürnberg, kurz vor der Stadtgrenze Berlins überfallen.

Laut Zeugenaussagen seien die Leute mit Pferden von der Seite an den Zug geritten und wären dann auf das Dach eines Wagons geklettert. Von dort aus seien sie über die Dächer des Zuges bis in den Personenwagen vorgedrungen. Alle samt hatten sie Schießeisen und bedrohten damit die Gäste des Zuges. Mehrere Passagiere wurden dabei verletzt. Sie haben den Schmuck von einigen Frauen mitgehen lassen und sind dann wieder auf ihren Pferden verschwunden. Die Polizei ermittelt bereits.

EPILOG

Alpha & Omega

Es war einmal...

Ein Mann. Sein name war Abraham Jandorf. Er besaß viele Kaufhäuser für den einfachen Bedarf. Doch wollte er etwas erschaffen, wo sich die gehobene Klasse wohlfühlen kann. Also ließ er am Wittenberg ein hohen Komplex erbauen. Auf der Hauptstraße fahren einige Kutschen vorbei. Ein Herr im Anzug reitet auf einem schwarzen Arabar die Hauptstraße entlang und kommt schließlich vor dem Gebäude zum stehen. Er trägt lederne, schwarze Stiefel mit silbernen Sporen. Sie klingen, als er von seinem Pferd steigt. Der junge Herr macht sein Pferd an einem Hitching Post fest. Dann blickt er nach oben, um die gewaltigen Dimensionen dieses Baus zu überblicken. Über dem Eingang steht *Kaufhaus Des Westens*. An der sich schließenden Tür hängt ein Zettel. Kaufhauses des Westens - Eröffnung am

Mittwoch, den 27. März 1907. Mittlerweile ist es Juni, dennoch hängt der Zettel noch immer an der Tür. Hier ist immer etwas los. Zwei Frauen mit Pelzmänteln schreiten quer über den Boden des Erdgeschosses. Sie verschwinden in der Mantelabteilung. Eine Gruppe von Kindern rennt die Treppe hinauf. Oben reißen sie beinahe einen Butler um, welcher ein Tablett mit Kaffee und Kuchen in der Hand hat. Gerade rechtzeitig können sie ausweichen und entschuldigen sich bei dem Herrn. Ein Graf im Frack und Monokel auf dem Auge steigt in einen Aufzug und bittet den Fahrstuhlführer in die dritte Etage zu fahren.

Im August beehrt König Rama V. von Siam das KaDeWe mit seinem Besuch. Zwei Tage verbringt er hier, kauft ein, diniert und flaniert für 250.000 Mark. Durch diesen Besuch bekommt das KaDeWe den Status eines Kaufhauses für den wahren Hochadel und wird in der Welt bekannter und beliebter. Und bis zum Ersten Weltkrieg sollte sich dieses Privileg auch nicht ändern.

Bei seiner Wiedereröffnung in der Weimarer Republik wird bereits das neue Radio für die Reklame des Kaufhauses genutzt. Schrill und kratzend ertönt die Stimme im Radio: „Das Kaufhaus des Westens. Alles in einem Haus. Am Wittenbergplatz." Die Bunte, lebhafte Kultur des Adels und der gut verdienenden Bevölkerung hebt das Kaufhaus in den 20er Jahren in eine neue Ebene. Biedermeier und der Expressionismus bestimmen einen großen Teil der angebotenen Ware. Bei seiner erneuten Wiedereröffnung nach dem zweiten Weltkrieg warten schon viele Menschen gespannt darauf, dass sich das schwere Eisentor des Haupteingangs senkt und sie mit eigenen Augen das neue KaDeWe von innen bestaunen können. Die Kuchenausgabe und die umdekorierten Silberterrassen sind besonders beliebt. Denn erstmals bietet das Kaufhaus waren für jedermann.

1984:

Eine Dystopie breitet sich aus und die Welt geht unter. Und hier treffen wir Irmgard wieder.

Durch die vorübergehende Schließung des KaDeWe's ist die Lage vieler Kollegen des Kaufhauses angespannt. Irmgard sitzt gerade in einem Café am Ku'Damm und grübelt über ihre Situation nach. Plötzlich steht Reverend Robertson an ihrem Tisch. „Ich nehme nur einen Kaffee, Irmgard." „Bitte? Ach Sie sind es Reverend. Wollen Sie sich vielleicht setzen?" Gregor Robertson setzt nich gegenüber von Irmgard hin und legt seine Hände auf den Tisch. „Ich habe gewusst, dass du hier sein würdest. Weist du noch, wie ich dir damals sagte, dass ich weiß, unsere Zeit ist begrenzt, Irmgard? Irgendwann geht auch dieses Kapitel zu Ende. Und nun ist meine Vorhersage eingetroffen. Der Allmächtige hat dem KaDeWe die Apokalypse geschickt, da die Zeit dort nun vorbei ist." „Ich, ich glaube ich verstehe nicht." „Vielleicht jetzt noch nicht. Die Antwort auf diese Frage liegt in der Zukunft. Jedoch bin ich jetzt für dich da. Ich passe auf dich auf. Ich werde deinen Lebensweg leiten und dich behüten vor allen Gefahren, auf dass du ein erfüllteres Leben hast als jetzt. Reverend Robertson steht auf. „Wie gesagt, ich gehe nicht. Ich hole mir nur einen Kaffee."

Reverend Robertson weicht Irmgard den restlichen Tag nicht von der Seite. Er begleitet sie sogar bis nach Hause. In Zukunft ist sie ihm selten begegnet. Dennoch hat er stets ein Auge auf ihr Wohlbefinden gerichtet. Und er sah, das es gut war.

37 Jahre später:

Mittlerweile gibt es die Silberterrassen nicht mehr. Das gesamte Kaufhaus ist verriegelt, da sich seit 2020 ein tückisches Virus in der Welt verbreitet und auch vor einem Jahrhunderte alten Kaufhaus nicht halt macht. Das KaDeWe hat sich in den letzten 37 Jahren stark gewandelt. Es ist leider kein klassisches Kaufhaus mehr. Henning Brown wollte es tun, andere haben es getan. Das KaDeWe ist mittlerweile nur noch eine ausgehöhlte Architektur, die den Namen Kaufhaus des Westens trägt, jedoch steckt kein Kaufhaus mehr darin. Künstlern wird eine Bühne gegeben, um sich in jeglicher Fassung auszudrücken und Warenabteilungen sucht man ebenfalls verzweifelt. Einen gewissen Stil und klasse sucht man vergebens. Bei dieser üppigen

Geschichte hinter dem Namen überrascht der Erfolg der Branche die dahintersteckt.

Zu den Figuren:

Einige Geschichten sind wahr. Andere sind in dieser Weise nie passiert. Wir leben in einer Welt voller Mythen und Legenden - welche wahr und welches erfunden sind spielt jedoch keine Rolle, denn alles in diesem Universum wurde einst erfunden. Irmgard hingegen gibt es wirklich. Sie hat im KaDeWe gearbeitet - viele Jahre sogar. In der guten alten Zeit.

Jede Geschichte hat ihr Alpha.
Jede Geschichte hat ihr Omega.
Alpha & Omega sind festgesetzte Zeitpunkte,
jedoch sind die Geschichten dazwischen noch
nicht erzählt.
Waren die Geschichten des Erlebens wert?

Reverend Robertson

Schöneberger Kurier

Berlin, den 15.04.1985

O.o.r. Nickert'sche Allgemeine

Am 14. April gab es im Kaufhaus des Westens eine verheerende Explosion, gefolgt von einer gewaltigen Brandgasexplosion. Das in noblen Kreisen hoch gepriesene Restaurant „Silberterrassen" brannte dabei komplett aus. Nach jüngsten Angaben einer Zeugin kam bei diesen Explosionen ein Mann zu Tode. Gegen 8 Uhr morgens soll der Mitarbeiter versucht haben einen Gasherd in Betrieb zu nehmen, wobei der Herd durch die Rückkopplung explodierte. Seine Leiche wurde von der Spurensicherung aufwendig untersucht, wodurch der Verdacht entsteht, dass es sich bei diesem Unfall um

Feuerteufel im KaDeWe!

Harmloser Unfall oder doch Mord?

Der Verdacht kommt ziemlich schnell auf und ist laut der Meinung der Gerichtsmediziner Tom & Jones auch haltbar. ES HANDELE SICH UM MORD. Ob, und warum jemand den Konditor und Koch des KaDeWe's jedoch derart grausam erheucheln wollte, ist bis jetzt noch unklar. Fest steht jedoch, dass laut Zeugenaussagen der Mann nach der ersten Explosion noch gelebt haben soll. Warum wollte jemand einen Unschuldigen Mann ermorden. Das und mehr versucht die Kriminalpolizei von Schöneberg derzeit zu ermitteln. Was wirft dieses Ereignis für ein Bild auf das so sagenumwobene Kaufhaus des Westens und welche dunklen Geheimnisse werden durch diesen Vorfall noch gelüftet. Wir bleiben dran . . .

Der Nichtsnutz!

Das hier ist nicht der Artikel, den du suchst. Wenn du etwas lesen möchtest, was wichtig ist, lies den Artikel da drüben. Auf der linken Seite ist das spannende Zeug. Na komm schon. Jetzt geh da rüber.

Zug überfallen!

Gestern Nachmittag um 4 Uhr hat eine Bande von vier Leuten die erste Klasse des Inter City von Nürnberg, kurz vor der Stadtgrenze Berlins überfallen.

Laut Zeugenaussagen seien die Leute mit Pferden von der Seite an den Zug geritten und wären dann auf das Dach eines Wagons geklettert. Von dort aus seien sie über die Dächer des Zuges bis in den Personenwagen vorgedrungen. Alle samt hatten sie Schießeisen und bedrohten damit die Gäste des Zuges. Mehrere Passagiere wurden dabei verletzt. Sie haben den Schmuck von einigen Frauen mitgehen lassen und sind dann wieder auf ihren Pferden verschwunden. Die Polizei ermittelt bereits.